贝克知识丛书

GESCHICHTE SCHOTTLANDS

苏格兰史

Bernhard Maier

[德]伯恩哈德·迈尔 著

佟文斌　王舒惠　陈　璐 译

上海三联书店

300 多年以来，苏格兰一直是大不列颠及北爱尔兰联合王国的一部分。然而和近邻英格兰相比，苏格兰在地形、语言和文化方面特点突出，因此苏格兰的政治、宗教和社会发展也有别于南边的英格兰。本书作者伯恩哈德·迈尔用生动形象的语言，深刻地再现了苏格兰从石器时代到当今的发展历史。此外，书中还记述了欧洲大陆对苏格兰的影响，以及苏格兰文化在欧洲大陆的传播。

伯恩哈德·迈尔于 2004 至 2006 年在阿伯丁大学担任凯尔特语教授，后在图宾根大学教授一般宗教研究和欧洲宗教史。贝克出版社还出版了迈尔教授的其他著作：《凯尔特历史和文化》(2012)、《德鲁伊祭祀》(2009)、《巨石阵》(2005) 以及《日耳曼人的宗教》(2003)。

目　录

引　言

　　出版一本无关英国的苏格兰史并不需要任何特殊理由。不仅仅在苏格兰，而且在整个欧洲大陆人们在很大程度上将大不列颠主岛北部的三分之一看作一个独立自主的存在。透过外来者和当地人不同的视角，我们可以明显感知到这种情感色彩的强弱。苏格兰的地区风光和语言特色几乎尽人皆知，但在诸如法律、宗教以及教育等方面于德语区的人们还较为陌生，像苏格兰与其南部邻居英格兰之间的差异，在这里几乎无人了解。本书将打破人们对苏格兰的认识误区，将苏格兰自诞生之初直至当代的发展历史层次清晰、条理分明同时又直观生动地展示给读者，这其中包括其与英格兰的界线问题、国际关系及其他相关的事务。

"苏格兰"这一说法首次出现是在中世纪，当人们做历史研究时，"苏格兰"一词通常用来指代苏格兰自中世纪到现在的这段时间。本书所讲述的并非一个国家或一个或多或少是独立民族的历史，而是关于人的历史，这些人千百年来就居住在这片我们今天称之为苏格兰的土地上。这段历史涵盖多个方面，包括政治、经济、社会、语言、文学、宗教，以及法律、日常生活和人的思想精神。本书除了描述这些方面长久以来的变迁之外，还将突出展现其地域多样性，包括多样的外来影响和不断变化的文化影响（力），它们赋予了苏格兰历史鲜明的特质和其特有的吸引力。相应地，本书的重点之一是多样的外来影响力，这些外部力量在历史上曾入侵苏格兰，但同时也被苏格兰借鉴，并对苏格兰版图大小和人口规模的确定发挥了不可思议的作用，还使得苏格兰在科学、哲学以及文学方面完成了与欧洲乃至世界的接轨。接下来我们将目光瞄准苏格兰的一系列地理数据。

苏格兰的面积约为 79000 平方千米，大致是威尔士面积（约 21000 平方千米）的四倍，占英国面积（约 130000 平方千米）的五分之三，比德国面积（约 357000 平方千米）的五分之一多一点。苏格兰与英格兰之间的分界线不到 100 千米，但其海岸线却长达 3700 千米，除去陆地部分，苏格兰还有将近 800 座岛屿，但岛上人口密度极低，大概每十个苏格兰人里就有一个住在岛上。苏格兰有三个重要的群岛，分别是位于西部的内外赫布里底群岛（Hebriden，面积约 7300 平方千米，约 500 个岛屿组成）、奥克尼群岛(Orkney-Inseln，面积约 1000 平方千米，约 100 个岛屿组成）以及北部的设得兰群岛（Shetland-Inseln，面积约 1400 平方千米，约 100 个岛屿组成）；其陆地部分分为三部分，即北部的苏格兰高地、中部的中央低地和南部高原。苏格兰南部高原与中央低地之间的分界线始于西南部的格文，一直延伸至东北部的邓巴，中央低地与北部高地之间的分界线也被称为高地线，由西南部的阿兰岛延伸至东北部的斯通黑文。苏格兰高地位于边界线西北方向，今日的格兰扁山脉也包括在内，并被众多地质结构划分成不同的区域，这些地质结构包括大峡谷（Great Glen）和 1803 至 1822 年建成的喀里多尼亚运河（Kaledonischen Kanal），用以连接威廉堡和因弗内斯。

苏格兰土地并不十分广袤，但在这里却体现出了一种突出的地理多样性，并以此反映出了地层近 30 亿年来的变化，因此，在 18 至 19 世纪苏格兰也被称作地质学家的故乡。苏格兰高地、赫布里底群岛、奥克尼群岛以及设得兰群岛上的大量岩石属于前寒武纪和寒武纪最古老的地层，南部高原的岩石沉积物则来自稍晚的志留纪。苏格兰中央低地的岩层算是最新的，含有丰富的煤矿和铁矿资源，这对 19 世纪苏格兰的工业化和城市化起到了决定性作用。大约 40 亿年前苏格兰的陆地从北美大陆分离，并与英格兰连接在一起（诸如天空岛、莫尔岛等火山岛则形成于 6 亿年前）。在地理上，苏格兰和大不列颠岛最古老的部分要数刘易斯岛（Insel Lewis）上的片麻岩结构，距今已有 30 亿年的历史。苏格兰最后一个大冰期（更新世）开始于 180 万年前，直到大约 12000 年前结束，在此期间间冰期和冰期的大规模变迁使得苏格兰形成了今天的地质景观。最后一次冰期末期，随着第一次狩猎和采集的出现，我们也即将开始讲述苏格兰的历史。

第一章

从石器时代到早期凯尔特人

　　有文字记载的苏格兰历史可追溯到 1 世纪罗马帝国入侵苏格兰之后。然而此前的历史长度可能为现存记载的五倍，只有通过考古发现和文物古迹才能证明它的存在。这段历史开始于公元前 1 万年左右的第四纪大冰期末期，以旧石器时代猎人和采集者的出现为标志。后历经新石器时代，公元前 4000 年左右出现了农耕和畜牧业，大约公元前 2000 年青铜铸造技术传入，最后以古罗马早期的铁器时代终结（前 700 年左右）。

早期的猎人和采集者

　　2005 年苏格兰南拉纳克郡（South Lanarkshire）的埃尔斯里克尔村（Dorf Elsrickle）附近出土的几件燧石工具，是现存最早能够证明苏格兰有人类生存的证据。它们的制造年代可以追溯到旧石器时代末期，然而人类迄今已知最古老的苏格兰史前文物的制造年代为中石器时代，晚于旧石器时代。旧石器时代晚期，冰层依然很厚，海平面远远低于新石器时代。这时不列颠岛和欧洲大陆连在一起，从苏格兰内陆也可以直接到达奥克尼群岛和内赫布里底群岛。克拉蒙德地区在爱丁堡市西北方，距市中心约 8 千米，临近福斯湾阿尔蒙德河河口，这里出土了大量中石器时代的文物，其中包括数百件石器以及一些柱坑，考古学家认为是石器时代猎人和采集者的营地遗址。与这些石器一起被发现的还有一些榛果外壳，在对其放射性碳元素进行检测后，确定其年代大约为公元前 8500 年。2012 年在距此不远的埃克林（Echline，位于南昆斯费里），人们在施工过程中发现大量燧石工具。同时还发现了一处遗迹，该住所呈椭圆形，长约 7 米，配有壁炉，大概只有在寒冷季节才居住。放射性碳元素测定法得到的数据表明，房屋的建造年代大约是公元前 9

世纪下半叶。2004 至 2006 年，考古学家在阿伯丁郡克雷斯城堡附近的沃伦菲尔德地区挖掘出了 12 个柱坑，其建筑年代可追溯到公元前 8000 年左右。参与挖掘的考古学家认为，此处遗址与古代历法有关，根据冬至时节日出的情况，揭示出月相的周期变化以及阴历和阳历之间的差别。如果考古学家的理解正确，那么与世界上其他类似遗址相比，这里无疑是历史最悠久的一处。

苏格兰高地和赫布里底群岛有许多中石器时代遗址，建造年代为公元前 7000 至前 5000 年之间。这里的人口密度较低，有利于遗迹保护。在赫布里底群岛的朗姆岛上，人们在思科瑞奥特湖区发现的当时人类所使用的石器和已经炭化的榛果外壳，是这一带曾经有人类生活的最早证据。在洛赫湖附近人们发现了一处公元前 7000 年的古人类遗址，这里血玉髓储量丰富，当时有不少人在此进行开采。海、湖泊和河流岸边堆放的贝丘遗址为我们了解当时的人类活动提供了重要的信息来源，它们在欧洲地区分布广泛，从葡萄牙经爱尔兰和苏格兰一直到丹麦，丹麦语称它们为 køkkenmøddinger，英语为 shell middens，葡萄牙语则是 concheiros。19 世纪中期以来，人们对遗址进行了系统的研究，发现贝丘大多由牡蛎、蚌和螺壳组成，还在一些贝丘中发现了工具的残骸和人的骨头。此外，通过研究阿尔普斯半岛（Halbinsel Applecross，位于威斯特罗斯地区，即 Wester Ross）、斯塔芬（Staffin，位于阿尔普斯半岛对面的天空岛，即 Insel Skye）、奥龙赛岛（Insel Oronsay，位于阿尔普斯半岛的南部方向）上的贝丘，还发现当时的人类除了采集贝类，还捕鱼和捕猎海豹。奥龙赛岛上的 5 个贝丘遗址形成于公元前 6000 至前 5000 年之间，是不列颠岛最重要的中石器时代遗址。贝丘中发现了零星的人类手指骨和脚趾骨，揭示了其具备某种仪式性色彩或带有某种宗教含义。真正的中石器时代墓葬在苏格兰地区尚未被发现。

公元前 6100 年左右，生活在苏格兰地区的人类第一次经历了较大规模的自然灾害。挪威西海岸大陆架边缘出现海底崩移（挪威语为 Storegga），造成大海啸，掀起 20 多米高的巨浪，苏格兰东北部沿海地区最先受害，英格兰南部的沿海地区以及欧洲大陆也未能幸免。蒙特罗斯海湾（Bucht von Montrose）和福斯湾内现存的地貌就能证实当时海底崩移的巨大威力。在英格兰北部和丹麦之间曾经有一片大陆，叫道格兰（Doggerland）。在中石器时代，道格兰连通了不列颠岛和欧洲大陆，当时这片大陆渔猎资源丰富。但后来由于海平面上升，道格兰沉入了海底。

第一批定居者

苏格兰最古老的人类居住地遗迹可追溯到公元前4000年上半期。早在1976年，人们在阿伯丁郡班科里附近的布里迪拍摄的航拍图上发现了一座占地26米×13米的新石器时代木屋的遗迹。在对其进行考古考证的过程中，人们发现了一些残存陶器和少量烧过的骨头。霍沃尔小山（Knap of Howar）上有欧洲北部现存最古老的石屋，它坐落于奥克尼群岛中的帕帕韦斯特雷岛（Papa Westray）。石屋建成于公元前3700年左右，在接下来的900年里一直有人居住于此。它由两座相邻的建筑构成，外观呈矩形，没有窗户，通过一条通道相连接。考古勘察的结果显示，当时的居民饲养牛、羊、猪，种植大麦和小麦，还捕捞贝类和鱼类。斯卡拉布雷（Skara Brae）位于奥克尼群岛最大的岛屿梅恩兰岛的西海岸，是保存最完整，也是最著名的新石器时代村落。1850年，因为一场猛烈的风暴，人们首次发现了斯卡拉布雷，1927年开始了系统的发掘工作。公元前3200至前2500年，平均有大约50人住在这里，石屋平均面积约40平方米，内部放着石制家具。这些居民以畜牧为生，也种植粮食。1984 年，人们在梅恩兰岛的哈里湖畔（Loch of Harray）发现了一个类似的新石器时期村庄遗址，村庄大约建成于公元前 3000 年，至少有 15 座房屋。

除了新石器时期的几个定居点和村落，考古学家还发现了大量公共墓穴。人们可以根据区域分布特征和使用寿命对其进行分类。最古老的是宫廷式墓穴或半敞开式墓穴（王室石室），分布在爱尔兰及苏格兰的西南部，墓室呈矩形，直接与外面的前院相通。苏格兰保存最完整的宫廷式墓穴在加洛韦的威格敦湾北部，牛顿斯图尔特附近的小山上。这里发现了两座相邻的古墓——神圣石冢一号（Cairnholy I）和神圣石冢二号。此外还有间隔式石室，墓室两边的石板将矩形墓室分成大小相同的隔间，从奥克尼群岛，经罗斯和克罗马蒂到赫布里底群岛，都能找到这种石室。其中最有名的是米德豪石室（das Kammergrab von Midhowe），长度超过 23 米，规模最大。它位于奥克尼群岛中劳赛岛的南部，原本有一座长 33 米、宽 13 米的椭圆形小山丘覆盖在上面。人们在墓室里发现了至少 25 人的遗骸。1958 年人们偶然发现了鹰之墓（das Kammergrab von Isbister）与米德豪石室设计相似。它位于奥克尼群岛的南罗纳德赛岛东南海岸附近，自公元前 3000 年起由几代人共同建造完成。人们在那里发现了至少 300 人的骨头，共计 16 000 多块，还有牛犊、羔羊和各种鸟类的骨头。因为在墓里发现了大量海雕的骨头和利爪，所以被称为"鹰之墓"（英语 Tomb of the Eagles）。2006 年公布了对放射性碳元素进行年代测定的结果，海雕是在墓室建成很多代以后才被带到这里的。最早也是耗费最大的新石器时代墓室位于奥克尼群岛，梅恩兰岛哈里湖东南部的梅肖韦古墓（Grab von Maeshowe）代表了当时手工艺发展的最高水平。梅肖韦古墓大约建成于公元前 2800 年，通道长 11 米，该通道设计经过考量，确保冬至时落日能照亮墓室通道，古墓由近乎方形的中央墓室和旁边三间石室组成，中央墓室上方有石头拱顶。整个墓室上方有一座 7 米多高、35 米宽的山丘，山丘的周围还环绕着一条水道，最宽的地方达到 14 米。

建造墓室是一项集体工程，需要极大的精神动力和劳动付出。种种祭祀留下的痕迹表明，这里极有可能经常举行仪式来提高集体的凝聚力。但这也只是猜测，其真正的功能尚且不明。克莱文渠（the Cleaven Dyke）被考古学家称为科萨斯（cursus），是年代最为久远的工程，修建于公元前 3500 至前 3000 年之间。它位于布莱尔高里（Blairgowrie）南部梅克卢尔地区，长度不足 2 千米。科萨斯是两条西北至东南走向的平行土沟，渠道中间是土岗，至于科萨斯的真实用途至今尚不明确。肯帕普山位于西洛锡安地区的林利斯戈南约 5 千米，1947/1948 年在高 312 米的山顶挖掘出一座新石器时代的祭坛遗址。它大约在公元前 3000 年建成，由壁垒和壕沟组成，南北两侧开放，墙内侧有 24 个呈椭圆形排列的凹坑，或许是用来放置木桩或竖直放置的石头。类似的石圈在苏格兰的很多地方都出现过，人们猜测它们可能用于宗教仪式。其中最著名、保存最完整的要数位于外赫布里底群岛刘易斯岛西海岸的卡拉尼什巨石阵（Callanish），大约在公元前 3500 至前 3000 年之间建成。在奥克尼群岛的梅恩兰岛上，人们则发现了最高达 5 米的斯丹尼斯立石，原先竖立的 12 根石柱还剩 4 根保持原状。此外在西北方约 1 千米处人们还发现了布罗德盖石圈，现存石圈直径达 104 米，由 27 块 2 至 4 米长的石柱组成，是大不列颠群岛上第三大史前石圈，仅次于英格兰斯坦顿德鲁石圈（Stanton Drew）和埃夫伯里巨石阵（Avebury）。2008 年在布罗德盖海角，即斯丹尼斯立石和布罗德盖石圈之间狭长的海岬上，考古学家发现了一处长约 25 米、宽约 20 米的疑似宗教建筑遗址。

随后的发掘和地质勘探结果表明，此处曾有一个庞大的建筑群，大约有上百处建筑，是古代神庙所在的地区，一堵 4 米厚的围墙把这里与外界隔开。

早在 1978 至 1981 年，奥克尼群岛韦斯特雷岛北岸的考古遗址诺尔特兰沙丘（Links of Noltland）出土了一座新石器时代农庄，建成于公元前 3500 至前 3000 年之间。2009 年夏天，挖掘过程中出土了苏格兰最古老的人形雕像。它由砂石雕刻而成，长 4.1 厘米，宽 3.1 厘米，躯干呈梯形，头部呈圆形，有一对模糊的点状眼睛。人们称之为"奥克尼金星"（Orkney Venus）或"韦斯特雷之妻"（Westray Wife）。2010 至 2012 年这里还出土了另外两件人形雕像，其中一件由陶土制成，但头部缺失。2011 年，在对布罗德盖尼斯河进行考古勘察的过程中，人们发现了一件裂成两段的人形陶土雕像《布罗德盖男孩》（Brodgar Boy）。2009 至 2012 年四年中所发现的雕像，让人们进一步了解了新石器时代苏格兰人不可思议的艺术创造能力和创作方式。至于这些雕像的身份，他们是新石器时代的普通人，是新石器时代人类的祖先，是当时的神明，还是另有意义，至今仍是个谜。

青铜时代和铁器时代

公元前 3000 年末期青铜加工技术传入苏格兰，在米格代尔（Migdale）所发现的文物就是最早的证据。1900 年 5 月，萨瑟兰郡凯尔河北岸的斯盖波城堡地区，在爆破花岗岩石崖的过程中，沉睡在地下的宝藏也重见天日。宝藏包括一把斧头和多件青铜装饰物，铸造年代约为公元前 2200 至前 2000 年。1921 年在福弗尔（Forfar）北部的奥纳克瑞旅馆（Auchnacree Lodge）附近还发现了同时期铸造的两把青铜刀具、三把青铜斧头和一个青铜手镯。

与青铜加工技术同时传入苏格兰的还有新型制陶术。在一座青铜时代早期的墓室中人们就发现了这样的陶器，该墓室位于肯帕普山一座小山丘上，而早在新石器时代晚期肯帕普山就进行过宗教活动。这两项创新技术使当时的社会制度和宇宙观发生了深刻的改变，涉及区域涵盖欧洲大陆及整个不列颠群岛，包括苏格兰。早先发现的新石器时代的公共墓室，建造难度大，不能体现社会地位的差别。而如今首次发现了单人墓室，墓室里昂贵的陪葬品也显示出墓主的社会地位。人们在因弗内斯郊区卡尔杜塞尔（Culduthel）地区发现了一座墓室，建于公元前2000年左右，墓主是一名弓箭手。墓中有一些陶壶，最初可能是用来盛放饭食，除此之外还有一块火石、一个琥珀珠、八个燧石箭头以及一个黄金臂甲。2009年夏，考古学家在佩思（Perth）西南部的一个叫弗特维奥（Forteviot）的村里发现了一座同时期的墓葬，该墓葬保存完好，死者葬在一个矩形墓室中，墓室主体由带图案的砂岩块建成，上方盖着一块厚40厘米，2米×2米的石板，底座上铺着白色鹅卵石和桦树皮。陪葬品极其丰富，其中有一个皮革质地的袋子，一把镀金的青铜匕首，一把青铜刀具和花卉的残迹，这些陪葬品在苏格兰地区青铜时期的墓室中发现实属首次。

青铜时代晚期（约前12—前10世纪）冰岛赫克拉（Hekla）火山爆发，苏格兰地区又一次受到巨大自然灾害的侵袭。此次火山爆发可能是第四纪大冰期结束后最大型的一次。对该地区的史前植被和泥炭沼泽中相关沉积物的研究结果显示，此次火山爆发中喷发的岩浆和火山灰共计超过7立方千米，直接导致了苏格兰地区气温连年下降，气候发生变化。在相当长的一段时间里，这些变化不仅给当地种植业和畜牧业的发展带来了不可估量的恶劣影响，同时也影响了人们的宗教信仰和宇宙观。

凭我们目前的认知还无法详尽地了解当时的宇宙

观。1778 年，在爱丁堡亚瑟王座（Arthur's Seat）山麓的杜丁顿（Duddingston）湖岸出土了约 50 件祭祀用的青铜器，铸造年代约为公元前 950 至前 750 年，与之一起出土的还有一些人类和动物的骨骼遗骸。在很多情况下，对于一些仪式活动人们往往只能假设它们具有某种宗教背景，而实际却无迹可寻，比如岩石上的史前壁画，我们常常不能确定或根本无从知晓其年代。史前杯形和环形岩石雕刻就是一个典型，它们出现在平滑的岩石表面，中心有一个凹点，由多个同心圆包围构成。从地中海盆地经阿尔卑斯山到不列颠群岛和斯堪的纳维亚半岛都发现了它们的身影，特别是在苏格兰西海岸的基尔马丁（Kilmartin）山谷数量尤其多。

随着研究方法的精进，我们对史前宗教仪式的认识也将发生改变。下面这个例子形象地展示出这种趋势。2001 年，考古学家在赫布里底群岛南尤伊斯特岛的克拉德海兰地区发现了三处青铜时代晚期的圆形房屋。在发掘房屋的地基时，考古学家发现了一男一女两具保存完好的人体骨骼。进一步研究表明，这是木乃伊的遗骸。人死后，尸体放入酸性泥炭沼泽中，沼泽里的酸性物质会腐蚀人体的软组织，而骨骼则会完好地保存下来。所以死者在死后很长时间，有些甚至几百年后才被安葬到这里。DNA 检验结果显示这两具遗骸并不是两个人的，而是由三到四个死于不同时期、不同年龄的人的骨骼共同拼凑而成。这座遗址所体现的大概是一种祖先崇拜，但也只是猜测，因为在欧洲目前还没有发现类似的遗址，民族学范畴内或许能找到一些相似的例子。

公元前 7 世纪左右，苏格兰开始进入铁器时代，根据后世史料记载人们将其归功于凯尔特人。然而，无论在此之前的几百年还是之后的几百年里，考古学领域无法证明曾经有大批人离开欧洲大陆迁移到不列颠岛。因此，凯尔特语和起源于中欧的凯尔特文明的广泛传播，或许不是因为古代青铜时代苏格兰人口的迁出，而是复杂的文化渗透和文化适应的结果。无论如何，公元前六七百年后的考古发现和文物古迹透露的信息越来越多，并在 1 世纪逐渐被人们知晓。

从人类居住地来看，在苏格兰以及不列颠岛的其他很多地区，山丘堡垒的大规模出现标志着铁器时代的开始。堡垒既是防御工事，也是权力的象征，有时还服务于公共宗教仪式。在梅尔罗斯（Melrose）南部的艾尔登山和哈丁顿（Haddington）东部的特拉勃莱因劳山上，都被证实曾经出现过青铜时代的堡垒。铁器时代也留下了很多著名的山丘堡垒，从诺斯山到阿伯丁郡本纳希山的圆形山头，从安格斯布里金镇附近的凯瑟屯丘陵到阿盖尔郡基尔马丁附近的杜纳德，从克拉克曼南郡的杜姆亚特山到邓弗里斯的针叶林种植园和格瑞南山，以及赫布里底群岛中的几个岛屿上，都能看到它们的身影。

铁器时代的石屋建造沿用了青铜时代就普遍运用的圆形布局，由天然石块简单堆砌而成，苏格兰大陆的西部和北部以及赫布里底群岛、奥克尼群岛和设得兰群岛上的石屋尤为典型。大西洋圆屋（Atlantic roundhouse）的典型外形类似于史前圆形石塔和山丘堡垒，又因其外形像一个带轮辐的轮子，因此又被称为轮屋，其内部格局也呈辐射状。克兰诺格是一种人工搭建的小岛，设得兰群岛和奥克尼群岛上几乎没有，而在赫布里底群岛、苏格兰西部甚至爱尔兰却有分布，其中大部分的布局为圆形或椭圆形。通常古人会用树干、沙子和石头，或在水底本来就较高的地方来建造这些人工岛，其中大部分岛屿还围有木栅栏，并有一条堤道与湖岸相连。道姆尼尔岛（Eilean Domhnaill）可能是新石器时代最古老的人工岛，位于北尤伊斯特岛（Nord-Uist）的奥拉巴哈湖（Loch Olabhat），但其他很多人造岛可能是在铁器时代或者中世纪早期才建成的。

1880 年，在苏格兰西海岸巴拉胡利什（Ballachulish）

附近厚厚的泥煤下发现了一座妇女或神女的雕像，约 1.5 米高，由桤木制作而成，是公元前 6 世纪左右的文物。19 世纪初，在柯尔库布里郡（Kirkcudbrightshire）的托雷斯农场里发现了给小马佩戴的头饰，人们认为这是古罗马早期的铁器时代在苏格兰地区留下的特殊的"凯尔特"饰物。头饰上的图案具有典型的拉登晚期特点，这与在伦敦旺兹沃思区（Wandsworth）附近的泰晤士河中打捞上来的青铜盾牌上的浮雕相类似，因此可以确定这些大部分是公元前 1 世纪或前 2 世纪的文物。2001 年在苏格兰的纽布里奇（Newbridge）附近修建道路时，人们第一次发现了一座拉登早期的墓室，估计建成于公元前 5 世纪左右，位于爱丁堡以西约 10 千米处。2009 年在斯特灵郡（Stirlingshire）的布莱尔德拉蒙德（Blair Drummond）附近，一位考古爱好者用金属探测器发现了四个金色的金属项圈，其年代大约在公元前 300 至前 100 年之间，这是迄今发现的最令人惊艳的铁器时代的黄金饰品。

自古以来，人们把凯尔特人的军队使用的青铜号角称为卡尔尼克斯号（karnyx），它的形状像一个张开嘴的动物脑袋，还被印刻在凯尔特人的硬币和罗马胜利纪念碑上。早在 1816 年，在苏格兰北部的德斯克福德

(Deskford)，人们发现了迄今为止不列颠岛上唯一的号角标本，其形状如同野猪脑袋。1991至1993年，人们对其进行了修复。自此，它出现在一些公开演奏场合和录音设备上，获得了新的关注和认可。天空岛上有一个开凿的洞穴（High Pasture Cave），使用时期在公元前1200至前200年之间。2012年考古学家对其考察时，发现了一块乐器上的琴马，该乐器与古琴相类似，可追溯到公元前300年左右。它是不列颠岛上迄今已知最古老的弦乐器遗骸。类似于德斯克福德的军用号角，该实物的发现弥补了过去插图和文字描述的不足，同时也预示着中世纪后期人们使用这种乐器来为诗歌朗诵伴奏。

第二章

从罗马入侵到基督教传入

1世纪下半叶，罗马人入侵苏格兰，开启了新的历史时代。最初拉丁语传入不列颠群岛，不久之后基督教也随之传入。当英格兰和威尔士都开始出现不同程度的罗马化时，苏格兰却因地处罗马帝国势力范围之外而未受到罗马文化的影响，因而更有利于保持铁器时代的传统。

罗马人入侵苏格兰

早在公元前55/前54年，为了向北部的高卢人展示罗马强大的军事力量，尤利乌斯·恺撒两次入侵不列颠。43年，罗马皇帝克劳狄乌斯一世派大军占领了英格兰更多的土地，设立罗马帝国行省——不列颠尼亚。罗马人将不列颠岛北部的苏格兰地区称为喀里多尼亚（Caledonia），这个名字来源于拉丁文"Caledones"一词。昆图斯·佩提里乌斯·科瑞阿里斯（Quintus Petilius Cerialis）时期，罗马准备入侵苏格兰。60/61 年，布狄卡女王（Königin Boudicca）在今天的英国中部发动起义，反抗罗马。科瑞阿里斯曾参与镇压活动，并在 71 至 74 年担任不列颠尼亚行省总督。后来知名军事作家尤利乌斯·萨克图斯·弗罗提努斯（Julius Sextus Frontinus）接任不列颠尼亚行省总督（74—77 年在位），后由历史学家塔西佗（Tacitus）的岳父格涅乌斯·尤利乌斯·阿格里科拉（Gnaeus Julius Agricola）继任。在盖乌斯·萨托尼斯·保莱纳斯（Gaius Suetonius Paulinus）担任不列颠尼亚总督期间（58—62 年在位），科瑞阿里斯和阿格里科拉就已经开始担任军官。在此期间，罗马军队一直攻到泰河湾（Firth of Tay）及苏格兰西海岸，甚至攻至爱尔兰东海岸。

这一时期建造了特里蒙蒂姆（Trimontium）堡垒。它位于梅尔罗斯东部的纽斯特德附近。一条罗马人修建的南北走向的公路在这里横跨特威德河。1905 至 1910 年，特里蒙蒂姆地区出土了大量武器装备，其中有一个罗马骑兵的铁制头盔。1996年在附近又挖掘出一个竞技场。人们在泰河北岸布莱尔高里西南部的英赫图梯地区也发现一座占地超过20公顷的古罗马营地，其建成年代与竞技场相差无几。这片营地未曾被改建过，1952至1965年在此进行的考古研究使人们对古罗马营地的结构有了很好的认识。英赫图梯可能是古罗马在苏格兰的一个据点，它保障了古罗马军团在高地线由达姆克哈索（Drumquhassle，位于蒙德湖东南部）经阿多赫（Ardoch，位于克里夫南部）到斯特拉克特罗（Stracathro，位于布里金东北部）一线的行军。1984年考古学家借助航拍发现了位于因弗内斯东部考德附近的古罗马营地遗址，直到1988年经过考古调查显示，这里可能是此次行军路线的最北端。至于罗马的行军活动是否到达马里湾（Moray Fort）以北的塔拉德勒（Tarradale）地区和波特马霍默克（Portmahomack）地区，目前尚存疑问。

塔西佗在岳父阿格里科拉的传记中记载，83年夏末或84年，罗马在蒙斯格皮乌斯山（Mons Graupius）迫使喀里多尼亚开战，战争的目的是破坏喀里多尼亚的供给。此战中喀里多尼亚遭受了毁灭性打击。这场战役因为一场煽动性极强的演说广为人知，但是演说有可能是塔西佗所杜撰的。在这场演说中，卓越的喀里多尼亚首领卡尔加卡斯（Calgacus）号召喀里多尼亚人反抗罗马帝国。

关于这场战役的发生地点，存在不同的说法，有的根据凯尔特人对山脉的命名，有的则根据对罗马军团行军路线和战略意图的猜测，但最终都无法证实。如果塔西佗所言属实，罗马皇帝图密善（Domitian）忌惮阿格里科拉在军事上取得的成就，所以不久后就将他召回了罗马。事实上，这时候阿格里科拉担任罗马帝国不列颠尼亚行省总督已经很久了。罗马皇帝认为彻底征服不列颠尼亚所付出的代价远远高于所获得的军事和经济利益，而且还有像莱茵河边境这样的地区急需罗马军队，因此在阿格里科拉被解职后不久，罗马皇帝便弃用了高地边界最北边的罗马堡垒，也放弃了全面占领苏格兰的计划。

118 年左右，不列颠尼亚行省发生暴乱，暴动者是英格兰北部和苏格兰南部的凯尔特人。为应对暴乱，皇帝哈德良（Hadrian，117—138 年在位）不久后下令在罗马的西北边界修筑了一道防御城墙。该城墙东起塞格杜姆（纽卡斯尔的沃尔森德），西至迈亚（索尔威湾的鲍内斯），总长 117 千米，沿途设有瞭望塔和驻军。这就是今天为人所熟知的哈德良长城（Hadrian's Wall），整个修建过程应该仅有几年时间，它既能震慑入侵者，又可以控制关税和客运交通。不过，哈德良的继任者安东尼·庇斯（Antoninus Pius，138—161 年在位）决定将不列颠尼亚行省的边界向北推进 160 千米。在 142—154 年之间他下令修建了一条长 63 千米的边境城墙，位于福斯湾博内斯附近的凯瑞登和克莱德湾的旧基尔帕特里克之间。城墙上的岗楼和碉堡形成一张密集的防御网，大大加强城墙的防御性，这就是现在的安东尼长城（Antoninu's Wall）。然而，种种迹象表明，这座城墙在建成几年后就被废弃了，罗马军队重新退回哈德良长城。209 至 211 年皇帝塞普蒂米乌斯·塞维鲁（Septimius Severus）为了征服不列颠北部的部落，率军进攻喀里多尼亚，重新以安东尼长城为界。211 年初皇帝塞普蒂米乌斯·塞维鲁在约克"Eburacum"（现在称为 York）逝世，罗马最后一次进攻苏格兰的计划也随之破产。自此之后，哈德良长城一直是罗马帝国的北部边界，直至 5 世纪初罗马军队撤出不列颠。

克拉蒙德出土的罗马时期的堡垒见证了罗马人在安东尼长城附近复杂的历史活动。这座堡垒修建于 140 年左右，170 年左右被废弃，208 至 211 年之间又开始扩建，是福斯湾北部罗马军队的补给基地。继在克拉蒙德发现了一些祭祀罗马最高主神朱庇特和其他母亲女神用的祭坛后，1997年又在阿尔蒙德河打捞出一座巨大的砂岩雕像，形似一头母狮正在吞吃一个被捆绑的人，这很可能是墓碑的残迹。多种迹象表明，当地居民是在罗马军队撤退后才开始在此定居，今天克拉蒙德教区的教堂就在曾经的罗马军队营地附近。

后罗马时代的早期诸侯国和王国

在罗马占领不列颠期间，哪些部落或民族在苏格兰居住？鉴于同时期文字记载的限制，人们一直无法充分解答这个问题。"喀里多尼亚人"（Caledones）听起来很普通，在一些情况下指的是苏格兰高地上的部落或部落联盟，还有一些情况下指哈德良长城以北地区的所有居民。我们对当时欧洲各民族名称的了解主要来源于2世纪克罗狄斯·托勒密（Claudius Ptolemaeus）所著的《地理学》一书，但是书中使用了很多二手资料，常常难辨其真伪。托勒密提到在苏格兰西部分布着不少部落，由南到北依次有塞尔戈瓦伊人和诺万特人（邓弗里斯-加洛韦）、达姆诺尼人（中低地地区）、厄皮蒂人和克雷奥内人（阿盖尔郡和金泰尔一带）、卡诺纳凯人（罗斯郡）、凯雷尼人和斯默泰人（萨瑟兰郡）。相对地，东部也分布着很多部落，由北向南分别是科尔诺维人（凯思内斯郡）、卢基人和德坎泰人（马里湾西部）、瓦科马吉人（马里湾南部和斯特拉斯贝地区）、泰扎里人和维尼科内人（东北海岸）以及沃塔迪尼人（苏格兰东南部和英格兰东北部地区）。

上述所提到的大多数部落名称都很陌生。在中世纪的威尔士传说中沃塔迪尼人也被称为高多汀人（Gododdin）。"高多汀"也用来指代中低地东部地区和苏格兰南部的丘陵地区以及居住在那里的居民。据推测，罗马军队最后一次撤退到哈德良长城后，作为盟友的沃塔迪尼人／高多汀人奉命驻守边界，特拉勃莱因劳山可能是当时一个重要的防守驻地。1919 年在此发现了 250 多块银片，重 22 千克，这些可能是外交赠礼，也可能是支付给沃塔迪尼人的军饷。5 世纪时修建这座堡垒可能与当时西部城堡（Din Eidyn，布立吞语）的崛起有关，而 Din Eidyn 也就是今天的爱丁堡。

在后来威尔士的传说中高多汀人至关重要。中世纪的系谱学家和历史学家认为，4 世纪，高多汀人的领袖库勒达（Cunedda）带着随从离开了位于福斯湾南部沿海地带的家乡马瑙高多汀来到北威尔士。他的后代成了格温内思郡的统治者。据中世纪威尔士的文献记载，高多汀和英格兰北部的爱密特（Elmet）和雷吉德（Rheged）王国属于"古老北地"（Hen Ogledd，威尔士语），在威尔士边境之外，原本是不列颠凯尔特人的领地，后来被盎格鲁–撒克逊人夺走。中世纪早期，高多汀西部地区也是"古老北地"的一部分，被称为 Ystrad Clud 或者 Alclud（坎伯兰语原名），也就是斯特拉斯克莱德王国（Königreich von Strathclyde），该国位于克莱德河畔，首府是邓巴顿（Dumbarton）。直到 11 世纪斯特拉斯克莱德王国才灭亡，而在 6 世纪时高多汀王国将东部著名沿海地区伯尼西亚输给了盎格鲁人（Angeln），最终高多汀王国在 7 世纪被诺森布里亚王国（Königreich Northumbria）吞并。

中世纪早期，在安东尼长城外，福斯湾和克莱德湾的北部，有两个敌对王国。它们位于西海岸附近，靠近上游的岛屿和爱尔兰东北部地区，东边是皮克特王国（Königreich der Pikten），西边是达尔里阿达王国（Königreich Dál Riada）。两个国家的早期历史都体现出中世纪后期传说中苏格兰王国及其文化认同的真正根源。关于这两个国家的文字记载和考古发现都过于贫乏，可能中世纪早期就已颇具神秘色彩，许多细节仍然是谜，只能或多或少借助人为推测再现。

最初，达尔里阿达王国的国民被不列颠人称为盖尔人（Gälen），在拉丁语中被称为"Scoti"或"Scotti"。他们的语言盖尔语是爱尔兰的主要语言，虽然与不列颠岛的凯尔特人所使用的方言非常相似，但是在罗马帝国统治结束之后逐渐显现出差别。根据10/11世纪的文献记载，爱尔兰的弗格斯大帝（Fergus mac Eirc/Fergus Mór）创建了达尔里阿达王国。到了他的曾孙埃丹（Aedán mac Gabráin）时期，达尔里阿达王国才有了较为明确的历史记载。6世纪末7世纪初，达尔里阿达王国在埃丹的统治下达到了权力的巅峰。据猜测这一时期达尔里阿达的都城在杜纳德，爱尔兰编年史曾两次提及此地。20世纪人们在这里发掘出陶器、饰品、人工碾磨机和武器，此外还有一些加工金属的工具，和从地中海地区进口的贵重物品。大约在9世纪中叶，斯堪的纳维亚半岛的维京人占领了内赫布里底群岛，大约就是从这时起"内赫布里底群岛"的盖尔语名称变成了"Innse Gall"（外国人的岛屿），并以此区分于西边的盖伦海岸和以前达尔里阿达王国的东部地区。

皮克特王国位于达尔里阿达王国东北部。它的名字最早出现于300年左右，起源于拉丁语，是对当时哈德良长城以北蛮族的统称。皮克特人的说法最早出自古罗马时期，其拉丁语拼写为 Picti，意为"被文身者"。但事实上它更像是一个专用语，常常出现在皮克特人部落的名字中，比如"皮特赫里"（Pitlochry）和"皮特麦顿"（Pitmedden）。爱尔兰语文献记载中将皮克特人称为 Cruithin（词源上可追溯至 Qritani 一词，是 Pritani 的变体），是从前凯尔特语中对不列颠人的称呼，而罗马人则称他们为 Britanni。根据对皮克特地名、人名或族名的了解，人们猜测皮克特人的语言与安东尼长城以南不列颠人的凯尔特语紧密相关。很多皮克特的石碑上刻有爱尔兰的欧甘字母，其含义至今无法破译。

当代历史学家有时会把皮克特王国叫作 Fortriu，但这并没有词源上的记载，而是基于古爱尔兰语中第二格 Fortrenn、第三格 Fortrinn 所做出的假设。过去的研究认为皮克特王国位于苏格兰中部地区，而事实上它的核心地区在北方的马里（Moray）和伊斯特罗斯（Easter Ross）地区。国王布鲁德三世（König Bridei Ⅲ）统治时期，皮克特王国开始崛起，不仅打败达尔里阿达王国，占据奥克尼群岛，而且在 685 年顿尼辰（Nechtanesmere）之战中大胜，给予诺森布里亚的国王埃克格里菲斯（Ecgfrith）以致命打击，将盎格鲁人的影响范围限制在苏格兰南部。在欧古斯一世（Óengus I，731—762年在位）统治期间，皮克特王国占领了达尔里阿达王国。大约在8世纪末，维京人的入侵改变了当时的政治局势。9世纪，盖尔语在苏格兰东部地区和北部地区传播开来，皮克特王国和斯科特人（也称盖尔人）组成了一个全新的统一王国，盖尔语名叫阿尔巴（Alba）。阿尔巴是古凯尔特语，早期的古罗马历史学家和民族学家用它统称整个不列颠岛。

第一批基督教徒

继拉丁语言和文字后，基督教大约在2世纪传入不列颠岛。4世纪晚期基督教成为罗马帝国的官方宗教，地位特殊。罗马人撤出不列颠尼亚后，哈德良长城一带的基督教教区保留了下来。1890年左右在惠特霍恩（Whithorn，加洛韦）发现了一块石碑，是基督教传入苏格兰最早的物证之一。450年左右基督教徒拉提努斯（Latinus）和他的女儿设立此碑，碑上刻有"Chi-Rho"标志（基督的象征）和拉丁文赞美诗《天主，我们赞美你》。19世纪桑德黑德（加洛韦）西南部的柯克迈德瑞恩（Kirkmadrine）地区在建教堂时挖出了一些石碑，其中最早的石碑可以追溯到 5 世纪，碑上刻着用拉丁文书写的铭文，内容与基督教有关。至于在罗马人撤离后的几个世纪里，基督教如何在苏格兰传播，当时并没有文字记载。圣徒传记中有一些记载优秀传教士的作品，也比较可靠。但是书中的重点是修士的人品和上帝的神迹。当时政治、文化和社会因素对宗教变更的影响，我们通常只能了解个大概。政权的行使和教会结构的建立紧密相关，所以人们认为苏格兰受到两方面的影响，分别来自诺森布里亚王国和爱尔兰，特别是由爱尔兰人建立的达尔里阿达王国。

后来的传说中出现了圣尼尼安（Heilige Ninian），他是第一批基督教传教士，相传生活在 5 世纪早期。比德（Beda）在《英吉利教会史》（731 年）一书中将惠特霍恩地区修建石头教堂和劝说南部皮克特人信仰基督教这两大功绩归于圣尼尼安。后来大约在 1160 年，西多会修道士艾尔雷德·冯·里沃兹（Ailred von Rievaulx）还撰写了《圣尼尼安传》，书中记载了圣尼尼安充满传奇色彩的生活和事迹。但相关记载都很难验证。19 世纪以来人们推测，关于圣尼尼安的传奇记载可能受到人们对爱尔兰传教士圣菲尼安·莫维尔（Heiligen Finnian von Moville）记忆的影响，然而关于两位圣徒的身份仍然不确定。大量的宗教活动，特别是苏格兰东部皮克特人早期定居点的宗教活动，都证实了在中世纪中期和晚期出现过对圣尼尼安崇拜的行为。

对于生活在斯特拉斯克莱德王国的不列颠凯尔特人来说，圣芒戈（heiligen Mungo）是他们的耶稣使徒。与此同时，圣芒戈还是格拉斯哥市的守护圣徒。英格兰和威尔士人则用他的俗家名字肯特格恩（Kentigern，英语）和辛德伦（Cyndeyrn，威尔士语）来称呼他。与圣尼尼安一样，在 12 世纪下半叶，修道士、圣徒传记作家乔瑟琳·冯·弗内斯（Jocelyn von Furness）撰写了《圣肯特格恩传》，记载了圣芒戈的生平。根据此书记载，芒戈是不列颠一位公主的儿子，在法夫（Fife）长大，之后追随圣尼尼安在格拉斯哥地区传教。由于基督徒在当地受到迫害，他前往威尔士，并一路到罗马朝圣，据说后来他受国王莱德西·哈梅尔（Rhydderch Hael）之邀回到了斯特拉斯克莱德。在芒戈去世前，也就是 614 年左右，圣高隆巴曾来斯特拉斯克莱德看望过他。六七世纪的当地传说可能是早期宗教政策的产物和圣徒传记的结合体，人们无法从历史角度准确判断出是否属实。

爱尔兰的圣高隆巴对于基督教在苏格兰的传播影响巨大。由于和吕克瑟伊（Luxeuil）修道院和波比奥

（Bobbio）修道院的创建者同名，只是年龄稍大一些，为了加以区分，圣高隆巴又被称为来自爱奥纳的高隆巴、大高隆巴或者爱尔兰语 Colm Cille（意为教会之鸽）。圣高隆巴于 521 年在一个爱尔兰贵族家庭里出生。6 世纪中叶他在爱尔兰创建了好几个修道院，当时他还是圣菲尼安·冯·克罗纳德（des heiligen Finnian von Clonard）的学生。563 年，圣高隆巴来到苏格兰，向北方的皮克特人传教。在内赫布里底岛的一个小岛上，圣高隆巴创建了爱奥纳修道院。不久之后修道院就声名鹊起，一度为多位苏格兰国王举行了加冕礼和葬礼。597 年，圣高隆巴在爱奥纳岛去世。不久之后诗人达郎·福盖尔（Dallán Forgaill）为其写了一篇颂歌《圣高隆巴挽歌》，这是最古老的爱尔兰文学作品之一。100 年后，爱奥纳修道院的第九任院长阿达南（Adamnán）以大量当地口头传说为素材，撰写了内容详尽的圣高隆巴传记。后来，后人认为圣高隆巴是许多拉丁语和爱尔兰语颂歌和诗歌的作者，但是这些作品大多可能是在他去世后才发现的。

自 20 世纪以来，早期的苏格兰圣徒作为一种典型"凯尔特"基督教或"凯尔特"精神的代表，日益得到重视。事实上，苏格兰、威尔士和爱尔兰的基督教在中世纪早期出现的特点与欧洲大陆的不同，包括确定复活节日期的不同计算方式、修士的另一种剃发制度、不同的忏悔方式以及特殊的虔诚形式，比如为了耶稣自愿选择流亡。显然，中世纪早期的宗教生活总体上形式多样。其中有些特点无法用共同的"凯尔特"根源来解释，而更应该解释为临近的地缘关系。在很多方面，早期凯尔特基督教和基督教出现前的宗教的关系，尤其是和基督教出现前的整个凯尔特宗教的关系，人们根本无从知晓。此外，新时期人们对中世纪早期"凯尔特"基督教的认知往往基于对其根源的有限分析，这一点也是不容忽视的。

第三章

从维京人入侵到邓凯尔德王朝灭亡

800 至 1300 年，斯堪的纳维亚半岛的维京人和盎格鲁诺曼人来到苏格兰。在 500 年里，苏格兰政治版图发生了变化，文化有了新的发展；与此同时，苏格兰政治和宗教机构也逐渐向欧洲大陆看齐。在这一时段初期，达尔里阿达王国和福特日乌王国 (Fortriu) (皮克特王国)统一成苏格兰王国；在这一时段末期，苏格兰巩固了其与英格兰的边界，并从挪威手中夺走了赫布里底群岛。

苏格兰王国的起源

从 10 世纪晚期开始，人们将肯尼思一世（肯尼思·亚尔宾，Kenneth Mac Alpin，盖尔语为 Cináed mac Ailpín）视作苏格兰王国的开国君主。相传他原是达尔里阿达王国的国王。在占领皮克特王国之后，他建立了一个苏格兰联合王国，是亚尔宾王朝的第一位统治者。此后，亚尔宾王朝一直统治着苏格兰王国，直到 11 世纪 30 年代马尔科姆二世去世。事实上，肯尼思一世的统治也许不仅仅是一个颠覆性的新起点，更是一个盖尔人和皮克特人长期政治、文化交融的开始，这一过程从 10 世纪早期开始就彻底影响了苏格兰。自 9 世纪上半叶以来，斯堪的纳维亚半岛的维京人广泛活跃在设得兰群岛、奥克尼群岛、赫布里底群岛、马恩岛、凯思内斯郡、萨瑟兰郡和苏格兰西海岸的一些地区，对盖尔人和皮克特人构成了外部威胁。

人们在研究 9 至 10 世纪的苏格兰历史时会时常受限，因为这些知识的主要来源是爱尔兰人和盎格鲁－撒克逊人的历史记载，古北欧语晚期的文学作品，比如 13 世纪初才出现的优秀作品《奥克尼伯爵史诗》（*Orkneyinga Saga*）以及考古发现和地名研究，但其根本原因是当时相关书面资料的匮乏。显然，在新建立的苏格兰王国，随着政治中心的转移，盖尔语传到了佩思①地区。

① 佩思：苏格兰佩思-金罗斯郡首府。——译者注

关于盖尔语的传播还有这样一个传说：肯尼思·亚尔宾为了使自己的国家不受维京人的掠夺，得到了圣高隆巴的一部分遗骸并将其从爱奥纳岛移至邓凯尔德修道院。这个修道院是几十年前建造的，位于佩思以北约22千米处。相传，苏格兰历代国王加冕时所用的加冕石（又叫"斯昆石"）就是来自先前的达尔里阿达王国，后来该石被保存在位于佩思东北约3千米处的斯昆修道院（Abtei von Scone）。1296年，英格兰国王爱德华一世（Eduard I）将"斯昆石"作为战利品带到了威斯敏斯特（Westminster）。1950年，四个苏格兰学生偷了这块"斯昆石"并偷偷运到苏格兰，但几个月后"斯昆石"就被警察没收并重新带回了威斯敏斯特。不列颠政府最终下令于1996年将其还给了苏格兰。自此，"斯昆石"和苏格兰皇冠被珍藏在爱丁堡，供游客参观。

在苏格兰王国成立后最初的几个世纪中，其与他国的边界尚未固定下来。斯特拉斯克莱德王国位于苏格兰王国西南部，与周围邻国的关系错综复杂，最终于11世纪被苏格兰王国吞并。诺森布里亚王国位于苏格兰王国的东边，最初由约克的维京人统治。954年，最后一任国王埃里克哈拉尔松（人称"血腥之王"）逝世，诺森布里亚王国归入英格兰王国。诺森布里亚王国和苏格兰王国在边界问题上长期存在争议，1237 年两国签署了《约克条约》，最终将索尔威湾定为西部边界，特威德河定为东部边界。时至今日，《约克条约》在边界问题上的规定依然有效。不论是在政治边境的走向还是人口构成上，斯堪的纳维亚半岛的维京人对苏格兰王国北部和西部的影响尚不明确。设得兰群岛、奥克尼群岛、苏格兰陆地最北部的凯思内斯郡和萨瑟兰郡受维京人影响最深。此外，维京人的影响也波及内赫布里底群岛和外赫布里底群岛、苏格兰西海岸的一些地区、克莱德河湾的比特岛和阿伦岛、马恩岛和西南部的加洛韦地区。直到 18 世纪，生活在奥克尼群岛和设得兰群岛的人们还在使用诺恩语（Norn）。诺恩语来自西斯堪的纳维亚半岛，与法罗语（Färöischen）同属一个语系。目前维京人曾经的聚居地区发现了大量与斯堪的纳维亚半岛有关的地名。

"苏格兰"一词源于"盖尔人"的拉丁语 Scottl，君士坦丁二世（Constantins II，即 Constantín mac Áeda）统治时期首次出现。艾德王（Áed）是君士坦丁二世的父亲，同时也是君士坦丁一世（Constantin I）的弟弟和继任者。君士坦丁二世在位时间很久，从 900 年开始，直到 943 年才退位。在位期间君士坦丁二世统治着皮克特人和盖尔人的王国（盖尔语为"阿尔巴王国"，拉丁语为"阿尔巴尼亚王国"）。937 年，君士坦丁二世联合都柏林之王——维京人沃尔夫·高森佛利森（Olaf Guthfrithson）以及斯特拉斯克莱德国王欧文一世（Owen I），向英格兰国王埃塞尔斯坦（Aethelstan）发出战书，然而在布鲁南堡（Brunanburh）（也可能是在北威尔士和英格兰的边界地区）附近惨遭重创。君士坦丁二世退位后，由马尔科姆一世（Malcolm I，即 Máel Coluim mac Domnaill）继位。马尔科姆一世是前国王唐纳德二世（Donald II）的儿子，君士坦丁一世的孙子。在接下来的 10 至 11 世纪早期，艾德王和君士坦丁一世的后代一直在争夺统治权。

1034 年，马尔科姆二世去世。由于膝下无子，王位由邓肯一世（Duncan I）继承。他是马尔科姆一世长女的儿子，也是邓凯尔德王朝（Hauses Dunkeld）的开创者。尽管出现过短暂更迭，但总的来说，邓肯一世的后代一直统治着苏格兰，直到 1286 年亚历山大三世（Alexanders III，1249—1286 年在位）逝世。在此期间，苏格兰一直实行长子继承王位制，即统治者死后，国王头衔由长子继承。与此同时，英格兰王国对苏格兰王国的影响越来越大，特别是 1070 年左右邓肯一世的长子马尔科姆三世 [Malcolm III，绰号"坎莫尔"（Canmore），

1058—1093 年 在 位] 与韦塞克斯的玛格丽特公主（Margaret von Wessex）联姻以后。在大卫一世（David I，1124—1153 年在位）统治期间，英格兰对苏格兰的影响进一步加强。大卫一世是马尔科姆三世的小儿子，其父身故后，由英格兰国王海因里希一世（König Heinrich I）抚养长大。大卫一世继承苏格兰王位后，在苏格兰进行了一系列涉及面广且影响深远的行政改革，其中最重要的是在法国和盎格鲁-诺曼贵族的帮助下引进封建制度。其他措施还包括修建城堡，建立行政区和税收区，并由国王直接任命的法官担任最高长官；建立自治市，向外商授予特权和贸易特权以及铸造硬币。

继大卫一世后，马尔科姆四世（Malcolm IV，1153—1165 年在位）登上王位，马尔科姆四世是大卫一世的孙子，加冕时尚未成年。后来马尔科姆四世的弟弟威廉一世（William I，1165—1214 年在位）继承王位。威廉一世死后，王位由他的长子亚历山大二世（Alexander II，1214—1249）继承，亚历山大二世又将王位传给了他的长子亚历山大三世。1175 年威廉一世参与起义，反抗英格兰国王海因里希二世（Heinrich II），因行动失败被捕，后签订《法莱斯条约》，承认了英格兰对苏格兰的宗主权。1189 年苏格兰缴纳了 10 000 马克银币，才撤销了《法莱斯条约》。在此后很长时间里，英格兰与苏格兰的关系一直很紧张。然而威廉一世的后代励精图治，成功巩固了政权，并将苏格兰王国的势力范围进一步向西部和北部延伸。1266 年，苏格兰在《佩思条约》中承认挪威在设得兰群岛和奥克尼群岛的主权，另外，挪威将赫布里底群岛和马恩岛割让给苏格兰，而苏格兰则需支付相当数额的赔偿金。1286 年亚历山大三世去世，因无子嗣继承王权，苏格兰和英格兰陷入了长期的政治纠纷和军事冲突。

宗教与教会

基督教与苏格兰王权统治密切相关。卡尔代人（意为"上帝的同伴"，爱尔兰语为 céli Dé，英语为 culdees）发起了一场修道院改革运动。这场改革始于爱尔兰，之后传到了圣安德鲁斯、斯克恩、邓凯尔德、利文湖区圣奴隶岛、阿伯涅尼和布里金等地的中心地区。阿伯涅尼和布里金至今仍保留着两座圆形石塔，圆塔建于 11/12 世纪，分别高 23 米和 26 米，反映出爱尔兰对苏格兰早期修道院的影响。这些早期的苏格兰修道院相互独立，由各自的大主教领导。经证实，早在中世纪早期，地方教区及其相应的神职人员就有了零星的划分，12和13世纪，人们扩大了地方教区的规模，安排了相应的神职人员，一些地方开始效仿英格兰的模式。随后还开始建立主教教区制度。最初约克大主教把自己凌驾于苏格兰所有的主教之上，1192年教皇塞莱斯廷三世（Coelestin Ⅲ）同意在没有大主教的条件下，让圣安德鲁斯、格拉斯哥、邓凯尔德、邓布林、布里金、阿伯丁、马里、罗斯和凯思内斯郡教区独立。

热心人士对欧洲大陆各修道会的支持，特别是玛格丽特王后和她的小儿子大卫一世，对苏格兰文化的影响重大而深远。这些支持行为与11和12世纪的格里高利改革关系密切。改革以教皇格里高利七世命名，一方面要求提高牧师资质，重新界定世俗权力与神权之间的关系，用本笃会原则改革修道院制度。早在1070年，玛格丽特王后和她的丈夫马尔科姆三世在爱丁堡以北的邓弗姆林修建了一座本笃会僧院，去世后他们便埋葬于此。1128年大卫一世将这座僧院升级为修道院。本笃会修道士兰弗朗克（Benediktiner Lanfranc）在其中起了关键作用。他生于意大利，自1070年起任坎特伯雷大主教。1250年玛格丽特王后在邓弗姆林被封为圣徒，之后这里便成为重要的朝圣地。几位苏格兰国王死后也葬在邓弗姆林的修道院。从玛格丽特王后在位到 1890 年第一条铁路桥开通，更确切地说是 1964 年福斯公路大桥（昆斯费里大桥）建成，爱丁堡和邓弗姆林之间的交通主要依靠轮渡。直到今天，南昆斯费里和北昆斯费里（分别位于福斯湾的南岸和北岸）这两个地名依然能让人想起这里的轮渡。

玛格丽特王后的儿子们纷纷效仿她，进一步推动了修道院改革。为纪念林迪斯法恩的圣库斯伯特，1098 年埃德加（1097—1107 年在位）在苏格兰东南部的科尔丁厄姆建立了一所本笃会僧院。亚历山大一世（Alexander I）是埃德加的弟弟，继他之后登上王位。据记载，他下令修建了斯克恩的奥古斯丁修道院（der Augustiner-Chorherren）和福斯湾因奇科姆岛上的两座小型僧院，之后又进一步升级为修道院。玛格丽特的小儿子大卫一世是当时最重要的僧院建立者。早在亚历山大一世还在位时，大卫一世就于 1113 年邀请了本笃会修道院联合会的僧侣来到苏格兰东南部的塞尔扣克。本笃会修道院联合会创建于 1109 年，是沙特尔附近蒂龙地区的一个修会。大卫一世在继位 4 年后，即 1128 年为这些僧侣在特威德河和蒂维厄特河交汇处修建了凯尔索修道院（die Abtei Kelso），位于其寝宫罗克斯堡附近。借助其优越的地理位置，凯尔索修道院跻身于苏格兰最富有的修道院之列。1144 年，国王大卫一世和格拉斯哥主教下令在南拉纳克郡建造了莱斯马黑戈（Lesmahagow）修道院；威廉一世在位期间，安格斯于 1178 年成立了阿布罗斯（Arbroath）修道院，埃尔郡于 1162 至 1188 年建造了基尔温宁（Kilwinning）修道院；这些都是凯尔索修道院的分院。大卫一世也为奥古斯丁教团（Augustinerorden）提供了特别资助。1128 年，大卫一世在爱丁堡为来自位于英格兰南部默顿区奥古斯丁教团的僧侣修建了荷里路德修道院（Abtei Holyrood）。到了 15/16 世纪，修道院的一部分演变成了皇家官邸——荷里路德宫（Holyrood Palace）。1118 年，为了来自法国布伊奥古斯丁教团的僧侣，大卫一世在今天的苏格兰和英格兰边界附近建立了杰德堡修道院（das Kloster von Jedburgh），1147 年左右该修道院成为独立的自治修道院。而法国北部纳鲁艾斯修道院（Abtei Arrouaise）的僧侣则居住在康柏斯内斯修道院（Kloster Cambuskenneth），该修道院位于斯特林附近，建成于 1140 年左右。1137 年左右，在英格兰北部里沃兹修道院（Abtei Rievaulx）僧侣的帮助下，大卫一世在苏格兰建造了梅尔罗斯修道院，作为西多会的中心。大卫一世在位期间，还以此为契机修建了两个分院，分别位于中洛锡安郡（Midlothian）的纽巴特尔（Newbattle）和马里（Moray）的金洛斯（Kinloss）。之后又建立了两所分院，分别是位于佩思东北部的库珀安格斯（Coupar Angus）修道院以及巴尔梅里诺（Balmerino）修道院，该修道院位于泰河畔纽波特西部、邓迪对岸。法夫于1217年修建了卡尔罗斯修道院（Abtei Culross），1219年阿伯丁郡建造了迪尔（Deer）修道院，这两个都是金洛斯修道院的分院。同样是大卫一世在位期间，诺曼贵族休·莫尔维尔（Hugh de Morville）于1150年发起，在特威德河畔修建了一个普利孟特瑞会的修道院——德赖堡修道院，离杰德堡修道院和梅尔罗斯修道院不远，德赖堡修道院是英格兰北部阿尼克修道院（Abtei Alnwick）的分院。早在1142年，加洛韦国王费格斯（Fergus）就曾在柯库布里（Kirkcudbright）附近修建了邓德伦南修道院（Abtei Dundrennan），供修道院的西多会僧侣使用。

有些贵族在自己修建的修道院里度过生命中最后的岁月，或者要求死后安葬在那里，所以在很多情况下，他们建修道院是出于对自己的灵魂能否得到救赎的担忧和对自己宗教功绩的考虑。此外，大型修道院也是教育中心，传播政治和政权文化的中心以及周边土地经济开发中心。因为参与修道院工作的僧侣大多来自英格兰和法国，所以也不断推动了苏格兰的文化发展。苏格兰很多地方的修道院是用巨大的方石建成的，虽然在宗教改革时期遭到破坏，但时至今日，它们依然是罗马式建筑和早期哥特式建筑的重要见证。

文学作品中的历史

与不列颠群岛多样的人口构成一样，在中世纪时期，不列颠群岛的文学作品几乎也是由多种语言组成的，反映出苏格兰历史的多样发展。除拉丁语之外，古英语、古北欧语、中古爱尔兰语和中古威尔士语也是教会和教育用语。19 世纪以来，在追溯民间语言作品的过程中，在研究用上述语言写成的文学作品的过程中，浪漫派向历史学家提出了大量需要阐释的问题。

《高多汀》由诗人阿内林（Aneirin）所著，用中古威尔士语书写，诗歌中记述了 600 年左右苏格兰东南部的凯尔特居民和日耳曼民族之间的战争。《高多汀》由一系列挽歌组成，用来纪念骑兵，他们在 Din Eidyn（布兰吞语，今爱丁堡）进攻卡特瑞克（可能是约克郡的卡特里克）的战役中牺牲了。《高多汀》的一系列诗歌可能创作于 7 世纪晚期，那时悼念战士的活动刚结束不久，就有了这些章节，并长期口头流传了下来。但也可能是在 9 世纪、10 世纪甚至 11 世纪才出现的。无论如何，这些用中古威尔士语创作的章节足以证明，位于英格兰北部和苏格兰南部的凯尔特"古老北地"（Alte Norden）在威尔士历史上具有重要意义。

布鲁南博尔（die Schlacht von Brunanburh）一战，英格兰国王埃塞尔斯坦（Aethelstan）和他的兄弟埃德蒙（Edmund）彻底击败了由苏格兰、维京和斯特拉斯克莱德士兵组成的联军。著名的中世纪早期编年史《盎格鲁-撒克逊编年史》（*Angelsächsische Chronik*）中有一首与这场战役同名的古英语诗歌。诗歌以布鲁南博尔一战为主题，可能创作于战争发生后不久，共有 73 行。此外，在很多拉丁语、爱尔兰语、威尔士语以及古北欧语的资料中也都有所提及。与《高多汀》相似，《布鲁南博尔之战》也是英雄诗的优秀范例。但是诗歌的情感基调不是对本民族战士牺牲的哀悼，而是杀死敌人，取得光辉胜利的喜悦。

古代北欧的文学作品中，也有一首纪念战争结束的诗歌。但诗的风格和内容与上面两篇作品有明显区别。这首诗是《瓦尔基里之歌》（*Darraðarljóð*），共十一节，是著名的女神之歌，出自《尼亚尔斯萨迦》，并流传至今。《尼亚尔斯萨迦》和《瓦尔基里之歌》都讲述了一场战争。1014 年在耶稣受难日这天，克朗塔夫（Clontarf）发生了一场战役，交战双方分别是来自都柏林的爱尔兰人和来自来奥克尼群岛的维京人。战役当天，一名男子在凯思内斯看到十二个女神骑着马来到一所房子。在那里，她们用由人肠和头骨装饰的织布机编织着战士的命运。北日耳曼神话和凯尔特神话之间存在许多相似之处，两者既有所不同，又彼此联系，正如人们所推断的那样，这首诗正是二者的融合，融合过程兼具典型的苏格兰北端和赫布里底群岛的特征。

在中古爱尔兰语中，除了表达历史事件结果的情景诗，还有诠释历史的诗歌。《苏格兰之歌》（*Duan Albannach*）就是这样一部作品，它诞生于约 11 世纪下半叶，有 27 个诗节，讲述了多位苏格兰国王的事迹，其时间跨度很广，从苏格兰传说中的祖先阿尔巴努斯（Albanus）、布鲁托斯（Brutus）一直到马尔科姆三世。同样用中古爱尔兰语写成的作品还有长诗《贝尔钦预言》（*Prophezeiung Bercháns*），该作品大约于 12 世纪完成，有 200 余诗节。在圣帕特里克时期也有一部具有预言性质的文学作品，在诗的第 97 至 206 节，作者用很多诗意化的演绎和暗喻手法叙述了苏格兰国王直到唐纳德三世（Donald Ⅲ, 1093—1097 年在位）的朝代更迭。

然而，在众多与中世纪苏格兰历史故事相关的文学作品中，最广为人知的作品却是用近代英语书写而成：威廉·莎士比亚的悲剧《麦克白》。该作品大约完成于 1606 年，改编自拉斐尔·霍林献特历史著作中的故事。主人公麦克白（盖尔语为 Mac Bethad mac Findlaích）于 1040 至 1057 年（苏格兰邓肯一世和其子马尔科姆三世之间）统治苏格兰。然而，与霍林献特不同的是，莎士比亚并没有把麦克白的朋友兼战友班柯（Banquo）描写成谋杀国王的帮凶，而是把他塑造成了一个正面人物，这也许是因为当时的统治者雅各布六世（Jakob Ⅵ）是班柯的后代。与莎翁的《麦克白》正好相反的是，在麦克白之后的相关历史资料，如《苏格兰之歌》和《贝尔钦预言》中，麦克白的形象是完全正面的。所以，人们认为 14/15 世纪的作家对麦克白的负面描写几乎没有历史可靠性。

第四章

从爱德华一世入侵到弗洛登战役

　　13 世纪末邓凯尔德王朝覆灭。苏格兰与英格兰长期冲突不断，之后又和法国组成了反英联盟。1371 年斯图亚特王朝开始执政，枢密院和议会的地位逐渐上升。与此同时，爱丁堡晋升为苏格兰首府。一方面政治权力不断集中；另一方面苏格兰各地区文化、社会和经济特征差异巨大，尤其是通行盖尔语的苏格兰高地地区与其东南部以及南部的低地地区间。在中古英语的基础上苏格兰语逐渐形成，并应用在宫廷里和文学领域中。然而，对于苏格兰高地地区来说，Erse（Irish，爱尔兰语）却变得越来越流行。15 世纪下半叶，奥克尼群岛和设得兰群岛归入苏格兰版图，但同时苏格兰失去了一个重要的边防要塞和港口城市——贝里克（Berwick）。

中世纪晚期的苏格兰和英格兰

亚历山大三世去世后，他的外孙女，挪威国王埃里克·马格努松（Eirik Magnusson）尚未成年的女儿玛格丽特（Margaret）继承王位，成为苏格兰女王。1290 年玛格丽特从挪威前往苏格兰，却在途中去世。为了避免众多竞争者因争夺王位引发内战，根据英格兰拥有最高宗主权这一规定，苏格兰贵族一致同意由英格兰国王爱德华一世（1272—1307 年在位）来裁决。爱德华一世支持约翰·巴里奥尔，但在 1292 年加冕之后，苏格兰贵族和爱德华一世都不对他予以认可。1295 年巴里奥尔和法国国王腓力四世（Philipp IV）结成同盟，互相保护，同年爱德华一世率军入侵苏格兰，成功夺取贝里克，并在邓巴战役中击败苏格兰军队。苏格兰国王巴里奥尔被迫退位，在英格兰被监禁多年后，最终流亡法国。在随后的第一次苏格兰独立战争（1296—1328）中，苏格兰贵族的几派重要势力一直在为是否效忠于苏格兰而摇摆不定。1297 年在斯特林桥战役

（Schlacht von Stirling Bridge）中，安德鲁·莫瑞（Andrew Moray）与威廉·华莱士（William Wallace）首次战胜英格兰大军。然而，莫瑞却在此次战役中负伤，不久后就去世了。此后华莱士独自率军继续攻打英格兰，但于1298年在福尔柯克一战（Schlacht bei Falkirk）中被英军打败。在之后的几年里，苏格兰反抗爱德华一世的战争仍在进行，但其规模却逐渐缩小。1304年夏，斯特林城堡被攻陷，一年后威廉·华莱士被抓，并以叛国罪被处死。

然而，爱德华一世的胜利并没有持续多久，4年前投靠爱德华一世的罗伯特·布鲁斯（Robert Bruce）杀害了与他竞争王位的约翰·科明（John Comyn）后，于1306年春在斯昆（Scone）加冕，成为苏格兰国王。他获得了圣安德鲁斯主教威廉·兰伯顿（William Lamberton）和格拉斯哥主教罗伯特·维斯哈特（Robert Wishart）的支持。一开始罗伯特·布鲁斯被英格兰人民逐出了苏格兰，在1307年7月爱德华一世去世之后，罗伯特·布鲁斯渐渐征服了来自苏格兰和敌国英格兰的竞争者。1314年罗伯特·布鲁斯在斯特林附近的班诺克本战役（Schlacht von Bannockburn）中大获全胜，打败爱德华二世（Eduard Ⅱ），赢得了决定性胜利。6年后，苏格兰贵族将著名的阿布罗斯宣言（Erklärung von Arbroath）上交罗马教皇，确认苏格兰的独立主权。爱德华二世死后，苏格兰国王于 1328 年入侵英格兰北部，迫使英格兰的新国王爱德华三世（Eduard Ⅲ）签下《爱丁堡–北安普顿条约》（Vertrags von Edinburgh-Northampton），英格兰国王承认苏格兰为独立国家，承认罗伯特·布鲁斯的统治地位，承认亚历山大二世时期划定的英苏边界。

1329 年罗伯特·布鲁斯去世，其尚未成年的儿子大卫二世（David Ⅱ）继位。约翰·巴里奥尔的长子爱德华·巴里奥尔（Edward）看到当时局势动荡，企图借英格兰之力夺取苏格兰王位。3 年后，第二次苏格兰独立战争（1332—1357）爆发。起初巴里奥尔成功登上苏格兰王位，但在英法百年战争（1337—1453）爆发后，法国国王腓力六世（Philipp Ⅵ）联合大卫二世共同进攻英格兰,巴里奥尔的处境则愈加被动。1357 年签署了《贝里克条约》，第二次苏格兰独立战争结束。战争中爱德华三世俘虏了大卫二世，大卫二世在缴纳巨额赎金后被释放，重获自由。

1371 年大卫二世去世，罗伯特·布鲁斯的外孙罗伯特二世·斯图亚特（Robert Ⅱ Stewart，1371—1390 年在位）继位，开辟了苏格兰历史上的一个新王朝。由于苏格兰和英格兰都想利用对方的政治弱点，因此无论是罗伯特二世在位期间，还是之后罗伯特三世（Robert Ⅲ，1390—1406 年在位）、雅各布一世（Jakob Ⅰ，1406—1437年在位）、雅各布二世（Jakob Ⅱ，1437—1460 年在位）、雅各布三世（Jakob Ⅲ，1460—1488 年在位）、雅各布四世（Jakob Ⅳ，1488—1513 年在位）统治时期，双方矛盾积郁愈深。虽然苏格兰赢得了奥特本之战（Schlachten von Otterburn，1388）和萨克之战（Schlachten von Sark，1448），但在 1436 年于罗克斯巴勒郡（Roxburgh）大败，并于 1482 年将特威德河上游的贝里克割让给了英格兰。尽管如此，雅各布三世于 1469 年迎娶了丹麦公主玛格丽特（Margarete），苏格兰得到了奥克尼群岛和设得兰群岛，之后雅各布四世在位期间统治范围不断扩大，1493 年甚至延伸到了当时由"麦克唐纳群岛领主"统治的赫布里底群岛，直至今日这里依然是苏格兰的边界。1503 年，雅各布四世迎娶了英格兰国王亨利七世之女玛格丽特·都铎。在法国的支持下，1513 年雅各布四世率领大军向英格兰开战，但是不幸在弗洛登战役中阵亡，苏格兰惨败。苏格兰陷入重重危机。

经济、社会和政权

　　18世纪中叶苏格兰进行了第一次全国人口普查，在此之前只能大概推测出苏格兰的人口数量。苏格兰的农业用地有限，常年混战，加之历史上多次出现农作物歉收和饥荒，人均寿命较低以及儿童死亡率较高，或许可以推测出在中世纪后期苏格兰的人口数不足100万。其中一小部分人口居住在城市（城镇），主要分布在苏格兰的南部和东部，规模比今天的村庄还小。大部分人口住在农村，分布较为均匀。据同期史料记载，鼠疫（当时称"黑死病"）曾在14世纪中期席卷整个欧洲，导致苏格兰的人口数量大幅减少，但无法准确估计具体的死亡人数。

　　中世纪的经济生活主要由三部分构成——农耕、畜牧业和渔业。由于交通不便，附近的人们常结成群体，往往规模不大，成员间还有亲缘关系。他们共同进行生产，满足群体自身的需求。通常情况下人们使用铁犁进行耕作，用木头做犁，配上铁犁头，用牛拉犁。针对不同位置的土地，耕作方式也有差异：离村庄和庄园近的土地，每年都播种收割；而距离较远的土地，则交替使用，一年做耕地，一年当牧场。苏格兰气候湿冷，大麦和燕麦比小麦更受青睐。此外，还会种植羽衣甘蓝和大麻、亚麻等纤维作物。牛、猪、绵羊和山羊是当时最常见的家畜。从 12 世纪开始，大型修道院在农业生产中发挥了重要作用。它们有自己的大型庄园，称为农庄（来源于拉丁语 granica，意为"粮仓"），由未授神职的僧侣管理。

城市是当时的手工业和贸易中心，然而大多数情况下服务当地或本地区市场。这里生产衣服、鞋、餐具和其他日用品，然后再把它们运到"集市十字"（苏格兰语 mercat cross），城里或城郊的居民会来此买卖或交换商品。阿伯丁、佩思、爱丁堡和贝里克等东部沿海港口城市，与欧洲大陆和斯堪的纳维亚半岛有贸易往来，而格拉斯哥、艾尔和柯尔库布里等则与爱尔兰、法国和西班牙开展贸易。其中苏格兰主要出口羊毛、兽皮、鱼和盐，而木材、铁矿石和一些奢侈物品等则需要从国外进口。

中世纪的苏格兰社会等级森严，国王是最高统治者，下面依次是贵族、自由农民，最底层是农奴或奴隶。通常情况下，社会阶层主要由父系血统决定，而奴隶阶层中很大一部分是战俘。12 世纪苏格兰建立了采邑制，并给予皇家自治城镇的市民特权，这对当时的社会秩序起到了重要作用。中世纪晚期，苏格兰将父系血统与采邑制相结合，尤其是讲盖尔语的高地地区，氏族体系逐渐形成。18世纪苏格兰氏族体系被中央政府废除，19世纪开始逐渐被神化。

　　国王是中世纪苏格兰的最高统治者。中世纪结束之前，苏格兰国在不断加强王权，主要措施有：逐渐限制地方诸侯；在全国建立皇家官员体系；引入集中行政管理和司法；向先进国家学习，借鉴采用先进制度。在大卫一世统治时期，随着采邑制的建立，苏格兰逐渐发展成了一个封建王国：苏格兰有自己的官员，如元帅和大法官；起初苏格兰王国没有都城，到了15世纪爱丁堡迅速崛起，苏格兰王国遂定都爱丁堡。最初苏格兰国王和王室使用盖尔语，12世纪换成了法语，后来则改成了苏格兰英语。约翰·巴伯尔（1320—1395）以第一次苏格兰独立战争为主题创作了长诗《布鲁斯》(*The Brus*)，诗歌用苏格兰英语写成。15/16世纪的宫廷诗人威廉·邓巴（William Dunbar）、大卫·林赛（David Lyndsay）、罗伯特·亨利森（Robert Henryson）和加文·道格拉斯（Gavin Douglas）等也纷纷用苏格兰英语来进行创作。中世纪晚期以来，枢密院和议会在国王的行政和司法权力方面发挥了重要作用。议会主要由"三大等级"组成，分别是主教和修道院长、贵族以及市民代表。

宗教生活

12世纪晚期苏格兰教会摆脱英格兰影响，形成了独立的教区结构。最初邓凯尔德教区是最重要的教区，1472年圣安德鲁斯晋升为大主教总教区，而20年后格拉斯哥取代圣安德鲁斯，成了最重要的教区。13世纪以来教会生活出现了很多新发展，其中包括托钵修会的规模不断扩大。托钵修会不允许集体和修道士个人拥有财产。与11/12世纪的修会团体不同，托钵修会首先选择城市，成员多为从事牧师、传道士、教师工作的男性（法语为frère，拉丁语为frater，"兄弟"）。尤为著名的是多米尼克修士，他们在白色修会服外罩上黑色大衣，又被称为"黑衣修士"，而圣方济会的修士则身穿灰色会服，被称为"灰衣修士"。

中世纪晚期的人们认为肉体死后灵魂不灭，更加渴望自己能得到救赎，因此各种宗教活动大行其道，对圣徒和玛利亚的崇拜及其相关的朝圣之旅最具代表性。公元六七世纪苏格兰教会与爱尔兰联系密切，很多圣徒，包括前文提到的圣尼尼安、肯蒂格恩、芒戈、高隆巴，还有圣菲伦（Fillan，古爱尔兰语为Faélán，"小狼"）、圣布兰（古爱尔兰语为 Bláán，"金发"）以及圣卡坦（古爱尔兰语为 Cathán，"士兵"）都是早期苏格兰教会的代表。如今在伦弗鲁郡的科尔莱仑（Killellan）和佩思郡的斯特拉斯菲伦（Strath Fillan）依然可以看到圣菲伦的影响。圣布兰在位于斯特林附近的邓布兰修建了一个修道院，而圣卡坦守护着阿特彻特恩（Ardchattan）和科尔彻特恩（Kilchattan）。传说大约在 4 世纪中叶，天使要求修道士圣雷格拉斯（英语为 Rule）将耶稣门徒安德鲁的遗骸和遗物从希腊帕特拉斯带到苏格兰，安置在法夫的科瑞芒特（Kilrymont，盖尔语为 Cell Rígmonaid）供信徒朝拜，到了 12 世纪，这个传奇则越发重要。由于苏格兰主教不愿受英格兰教会领导，圣安德鲁晋升为苏格兰的主保圣人。之后也将本地的地名由科瑞芒特改为圣安德鲁斯，当地的主教晋升为苏格兰大主教。圣安德鲁十字呈 "×" 形（英语为 saltire，来源于中古法语词 saultoir，"马镫"），它与代表英格兰的红色圣乔治十字和代表爱尔兰的红色圣帕特里克十字一起被印在了英国国旗上。1250 年教皇因诺岑茨四世（Innozenz IV）加封玛格丽特为圣徒，因此邓弗姆林修道院的圣玛格丽特墓室吸引了无数信徒前来朝拜。据说圣玛格丽特的儿子大卫一世在位期间，在爱丁堡城堡中为母亲修建了一座罗马式的小教堂即圣玛格丽特礼拜堂，供信徒供奉，因此它成为苏格兰首都最古老的建筑。

中世纪后期，教会控制了教育，教育与宗教密切相关。格拉斯哥高级中学（High School of Glasgow）（1976年私有化）创办于 1124 年，前身为格拉斯哥大教堂建立的一所合唱团学校，是现今苏格兰历史最为悠久的学校。在布里金主教的支持下，林德尔斯（Lindores）修道院（科尔索修道院的子修道院）的僧侣于 1239 年建立了邓迪高级中学（High School of Dundee）。目前邓迪高级中学是布里金市唯一的私立中学，其校训为"Prestante Domino"，出自教皇的书信，意为"接受上帝的指引"，从中不难看出这所学校的宗教根源。与欧洲其他国家一样，格拉斯哥高级中学和邓迪高级中学也教授学生"七艺"。"七艺"最早出现在古代教育中，又分"三艺"和"四艺"。"三艺"包括语言方面的语法学、修辞学和逻辑学，"四艺"包括数理方面的算术、几何、音乐和天文学。

尽管苏格兰已经有了第一批学校，但是到了高级别的大学教育，人们就必须前往英格兰或欧洲大陆。著名经院哲学家约翰·邓斯·司各特（Johannes Duns Scotus，1266—1308）就有类似的求学经历。据推测，司各特生于贝里克郡（Berwickshire）的邓斯（Duns），在英格兰中部城市北安普顿（Northampton）加入圣方济会后，先后在剑桥、牛津、巴黎、科隆等地求学和教书，被称作"灵巧博士"。他的石棺就停放在科隆克尔平广场（Kolpingplatz）的圣母无染原罪教堂（St. Mariä Empfängnis）内，鉴于他平生的经历，石棺上的铭文如下：生于苏格兰，长于英格兰，学于法兰西，归于科隆。亨利·沃德劳（Henry Wardlaw）也曾到牛津大学和巴黎大学进行访问。1403 年他被任命为圣安德鲁斯主教，1410 至 1413 年，他在巴黎奥古斯丁修会神职人员的协助下，建立了苏格兰的第一所大学——圣安德鲁斯大学。另外，中世纪时期还有一些大学建成，例如 1450 年建校的格拉斯哥大学，1495 年建校的阿伯丁大学，建于 1583 年的爱丁堡大学。它们是苏格兰最古老的四所大学。最初，大学的作用是培养神职人员，而随着时间的推移，也有越来越多的非神职人员来此接受科学教育。

第五章

从雅各布五世加冕到与英格兰联合

从 1513 年弗洛登战败，到 1707 年苏格兰和英格兰联合，历经近两个世纪。弗洛登战争结束后，苏格兰国王雅各布五世（Jakob V）继位，执政近 30 年（1513—1542 年在位）。与英格兰王国联合前的最后 5 年，安妮女王（Königin Anne，1702—1714 年在位）成为苏格兰的统治者。她是斯图亚特王朝的最后一位国王，也是新成立的不列颠王国的首任统治者，1714 年退位。大约在这两个世纪的中间，1603 年英格兰女王伊丽莎白一世（Königin Elisabeth I）逝世，后由雅各布六世继承英格兰的王位，成为英格兰国王雅各布一世（Jakob I），同时统治两个国家。在这两个世纪中，最重大的事件就是宗教改革，它对苏格兰文化影响深远。英格兰国王亨利八世（Heinrich VIII）和苏格兰国王雅各布五世在位期间，宗教改革拉开了序幕，之后一直持续到 1690 年玛丽二世（Maria II）和奥兰治的威廉（Wilhelm von Oranien）（安妮女王前任统治者）的统治时期。

宗教改革及其结果

雅各布四世去世后，1513 年 9 月，其年仅一岁的幼子加冕成为苏格兰国王雅各布五世。1528 年，他真正掌权，独立执政。之后年轻的雅各布五世开始在苏格兰西部和北部提高自己的威望，巩固与法国长久的盟友关系，大兴土木建造宫殿，其中包括斯特林堡（Stirling）、福克兰宫（Falkland）、林利斯戈宫（Linlithgow）和荷里路德宫（Holyrood）等。1537 年，雅各布五世与法国国王弗朗索瓦一世（Franz I）的女儿玛德琳·德·瓦卢瓦（Madeleine de Valois）在巴黎成婚，但玛德琳早逝。一年后他又和奥尔良的路德维希（Ludwigs von Orléans）的遗孀玛丽·德·吉斯（Marie de Guise）成婚。这一时期，英格兰国王亨利八世与天主教决裂，并解散了大批修道院。而亨利八世的侄子雅各布却反对他的宗教政策，1541 年苏格兰再次与英格兰开战。一年后，苏格兰在索尔韦莫斯战役（Schlacht von Solway Moss）中惨败。几个星期后，雅各布五世因高烧离世，他出生仅几天的长女玛丽·斯图亚特（Maria Stuart，1542—1567年在位）继位。

亨利八世极力想促成玛丽一世与英格兰的王储爱德华六世（Eduard VI）联姻，但遭到苏格兰议会的拒绝，再次引发了两国战争。战争持续了很多年，特别是苏格兰低地深受其害。战争初期，苏格兰得到了法国强有力的军事支援，在安克拉姆莫尔战役（1545）中取得胜利。然而在马瑟尔堡（Musselburgh）附近的小沟谷战役（Pinkie Cleugh，1547）中，苏格兰大败，与英格兰签署了《布伦条约》（Boulogne，1550）和《诺勒姆条约》（Norham，1551）。后来，英格兰同意撤军，战争才得以结束。为保证玛丽·斯图亚特的安全，1548 年她被送到法国，与法国王储订婚，旅居法国 13 年。直到 1561 年她丈夫早逝，才重返苏格兰。

在德国宗教改革开始 11 年后，苏格兰圣安德鲁斯一位名为帕特里克·汉密尔顿（Patrick Hamilton，1504—1528）的路德教支持者被以异教徒之名烧死。接下来几年里，宗教改革的思想在苏格兰越来越受到重视，特别是受到亲法的苏格兰时政批评家和亲英派政治家的重视。大主教大卫·比顿（David Beaton，1494—1546）在圣安德鲁斯影响力很大。他下令处死加尔文（Calvin）的信徒乔治·威沙特（George Wishart，约 1513—1546）后不久，也被新教徒杀害。1553 至 1558 年，玛丽·德·吉斯代替玛丽·斯图亚特执政，在这期间她顶住了英格兰天主教政府和苏格兰新教徒势力的巨大压力。1558 年 11 月伊丽莎白一世即位后，教派冲突持续上升。约翰·诺克斯（John Knox，1514—1572）是威沙特的学生，在日内瓦时曾到加尔文处避难。在他的领导下，反对者公然与吉斯女王发生冲突。吉斯去世后，宗教改革的支持者在 1560 年 6 月占据上风。苏格兰议会于 1560 年 8 月颁布新的信条即"苏格兰的信纲"（Scots Confession），宣布教皇在苏格兰不具任何效力，禁止天主教的弥撒活动，重组苏格兰教会。玛丽·斯图亚特从法国返回苏格兰之后，也无力回天。她的儿子雅各布六世信仰新教。为了成就儿子，1567 年玛丽·斯图亚特退位并逃到了英格兰。1587 年，她被其对手伊丽莎白一世以叛国罪处决。

1603 年英格兰女王伊丽莎白一世逝世，因其无子嗣，苏格兰国王雅各布六世继位，成为"大不列颠及爱尔兰国王"。1625 年雅各布六世去世后，其子查理一世（1625—1649 年在位）继承王位，因其专制，不久之后局势就变得紧张起来。由于查理一世强制苏格兰接受圣公会的组织体制和礼拜仪式，1639/1640 年爆发了"主教战争"，导致进一步加强了苏格兰议会和英格兰议会的权力。早在 1581 年，苏格兰长老会就开始与天主教抗争，根据 1560 年通过的改革信条，参照以色列和上帝订立盟约，即旧约的模式，拟订了"民族圣约"。"民族圣约"在全国生效，1638 年对其进行了重新修订。支持上述宗教政策的苏格兰信徒组成了"约老会"。1642 年英国内战爆发，"约老会"支持英国议会，反对查理一世。1643 年"约老会"与英国议会签订了"庄严同盟及盟约"，在军事上支持议会。但作为回报，"约老会"要求长老教会在英国生根开花。1646 年加尔文主义者制定了《威斯敏斯特信仰教条》（Westminster Confession of Faith）。然而一年后联盟就瓦解了，"约老会"为了维护自己的利益，反对奥利弗·克伦威尔的拥护者，先与国王查理一世结盟，1649 年查理一世被处决后，又与其子查理二世联盟。

克伦威尔在邓巴战役（1650）和伍斯特战役（1651）中大获全胜，军队继续在苏格兰攻城略地，苏格兰长老会的政治权力逐渐弱化，开始遭到迫害。查理二世结束流亡，重掌王位后，在苏格兰强制实行主教教会制度，1660年君主制复辟后情况也没有好转。查理二世的弟弟雅各布二世继承了王位，1688年的"光荣革命"废黜雅各布二世后，苏格兰才于1690年恢复长老会教会制度。

光荣革命后，玛丽二世和奥兰治的威廉亲王继位，成为英国和苏格兰的国王。玛丽二世独子于1700年去世，两年后玛丽的妹妹安妮继承王位。为了防止天主教徒承袭王位，在未与苏格兰协商的情况下，英国议会于1701年通过了《王位继承法》，确定威廉三世和安妮女王去世后，英国王位由查理一世的侄女、信奉新教的汉诺威选帝侯索菲娅公主，或者其信仰新教的后裔继承。1704年苏格兰议会通过了《安全法案》，承认《王位继承法》，但前提是英国要同意苏格兰提出的一些政治和经济条件。1705年英国通过《外国人法案》，实施贸易禁运。1707年在英格兰经济、政治和财政压力下，英格兰与苏格兰最终组建了联合王国，并成立大不列颠联合议会。

近代早期的艺术、建筑和音乐

15世纪晚期和16世纪早期的一些祈祷用的书籍，

生动形象地展现了宗教改革前的宗教艺术。苏格兰委托法国和荷兰的艺术家进行了一系列创作，其中包括雅各布四世的时祷书，此书于 1503 年左右在比利时根特创作完成。雅各布四世结婚后这本书成为玛格丽特·都铎的财产，现收藏于维也纳奥地利国家图书馆。然而从中世纪时期苏格兰教堂的大量装饰品，到油画、雕塑和花窗玻璃，都在宗教改革期间遭到破坏，只有一小部分被保留下来。此外，由于对教会财产进行了分配，越来越多的艺术家不得不放弃教会，开始在贵族和富裕的市民中寻找客户。

威廉·埃尔芬斯通（1431—1514）是圣安德鲁斯的大主教兼阿伯丁大学的联合创始人。1505 年左右，当地艺术家受荷兰人影响，为他绘制了一幅肖像，这是苏格兰名人最古老、最逼真的画作。然而直到 16 世纪晚期和 17 世纪早期，苏格兰的肖像绘画才得以延续发展。肖像画最重要的代表人物是乔治·詹姆森（约 1587—1644）。他借查理一世曾到爱丁堡参观凯旋门之机，为多位苏格兰国王画了肖像。得知他为查理一世画像后，很多苏格兰贵族和上层社会人士都找到他，请他为自己作画。詹姆森最重要的学生是约翰·迈克尔·赖特(1617—1694)。赖特曾长期在罗马生活，1660 年以后来到伦敦，成为斯图亚特王朝的宫廷画师。1680 年左右，赖特为身着苏格兰高地服饰的芒戈·默里勋爵画了一幅全身像，因而扬名天下。

林利斯戈王宫是苏格兰文艺复兴时期建筑的早期代表，始建于雅各布一世，完成于雅各布四世，之后由雅各布五世继续完善。苏格兰文艺复兴时期建筑领域的杰出典范，还有雅各布四世在福克兰①改建成狩猎行宫的城堡以及斯特林城堡。斯特林城堡始建于雅各布五世，在他的遗孀玛丽·德·吉斯摄政时期建成。宗教改革后，苏格兰将法国文艺复兴时期的建筑元素和当地中世纪的城堡、塔楼相融合，形成了之后所谓的苏格兰华丽风格。这种风格的建筑物顶部有城垛的防御性城墙和耸立的堡垒及塔楼，既能满足贵族居住的需求，同时也用来防御突袭。苏格兰华丽风格在 19 世纪浪漫派追溯民族历史的过程中得以复兴，瓦尔特·司各特爵士的住所、位于梅尔罗斯附近的阿伯茨福德以及迪河上游的巴尔莫勒尔城堡都是重要见证。1660 年以后，参照古典建筑的帕拉第奥式建筑也在苏格兰传播开来，虽然在此之前伊尼戈·琼斯已经将这种建筑风格引入了英国，并打开了知名度。威廉·布鲁斯爵士（约 1630—1710）率先将帕

---

① 福克兰位于法夫格伦罗西斯以北。——译者注

拉第奥式建筑风格引入苏格兰，他在 17 世纪 70 年代将位于皇家英里大道东面末端的荷里路德宫打造成今天的外观，而皇家英里大道的另一端则是爱丁堡。

　　与视觉艺术的境况类似，只有小部分中世纪宗教音乐得以保留，其中有为了纪念圣高隆巴所作的《格里高利圣咏》。因奇科姆修道院中保留着一本关于礼拜仪式的残书，其中就有关于这首圣咏的记载。此外，13 世纪后期出现了复调音乐。复调音乐可能起源于圣安德鲁斯，并受到了法国的影响。如今这些音乐作品手稿被保存在沃尔芬比特尔的赫尔佐格·奥古斯都图书馆。文艺复兴时期，法国、荷兰和英格兰都对苏格兰音乐产生了影响。16 世纪上半叶，奥古斯丁僧侣罗伯特·卡弗在苏格兰创作了五首弥撒曲和两首赞美诗。同时代的大卫·皮布尔斯比他年轻，在 1530 年左右为雅各布五世创作了一首四重唱的赞美诗《如果爱我》（拉丁语为 *Si quis diligit me*），这也是大卫最出名的作品。受路德影响的早期宗教改革者对器乐和民间音乐的改革持积极乐观的态度，然而加尔文宗主导的苏格兰宗教改革者则局限于用旧约中的民间用语翻译谱曲，作品的质量往往不高。尽管如此，宗教改革结束后世俗音乐发展成为贵族教育的重要组成部分。1662 年阿伯丁的出版商约翰·福布斯出版了《旋律、歌曲和幻想》，这是苏格兰第一本印刷出版的世俗音乐合集，有力证明了上述历史的真实性。

教育、科技和文学

12世纪前教育一直掌控在修道院手中。自中世纪后期开始，大型教堂开设的唱诗学校和主座教堂学校，城市里的拉丁文学校，尤其是家庭教师在上层社会中的作用越来越大。1496年苏格兰议会通过了一项法令，规定公职人员必须接受多年教育，扎实掌握拉丁语并了解现有法律体系，不守规定将受到惩罚，由此反映出统治阶层对非神职教育的重视。

苏格兰的知识分子都曾在欧洲大陆学习过。15世纪以来，倡导人文主义教育思潮，希腊语和拉丁语的学习越来越重要。其中的代表人物有来自邓迪的赫克托·波伊斯（Hector Boece，1465—1536）。他与鹿特丹的伊拉斯谟（Erasmus von Rotterdam）曾一起在巴黎学习，1500年被任命为阿伯丁大学的首任校长。1527年他出版了《苏格兰史》（*Historia Gentis Scotorum*），这是苏格兰第一部人文主义作品。约翰·梅尔（John Mair,

约 1467—1550）与波依斯同处一个时代并深受其影响，他来自北贝里克（North Berwick），在圣安德鲁斯和巴黎完成学业后，于 1518 年被任命为格拉斯哥大学（Universität Glasgow）的校长。他所提出的自然法论点还影响了西班牙王室，1512 年王室颁布《布尔戈斯法》（Leyes de Burgos），其中规定了西班牙如何管理西印度群岛原住民。乔治·布坎南（George Buchanan，1506—1582）出生于斯特林附近的基莱恩，是一位著名的拉丁语言学家。他曾在巴黎学习，之后在波尔多大学担任拉丁文教授。蒙田（Michel de Montaigne）曾师从于他，后执教于葡萄牙的科英布拉大学（Coimbra）。1560 年左右，蒙田返回苏格兰，成为年轻的玛丽·斯图亚特的老师，并参与了宗教改革。他于 1582 年撰写了影响深远的《苏格兰民族史》（*Rerum Scoticarum Historia*），1579 年在其著作《苏格兰王国的权利》（*De Iure Regniapud Scotos*）中提出国王束缚人民意志的观点，在一定程度上间接推动了英国 1688 年爆发的"光荣革命"。

除了人文主义，宗教改革对教育事业也有重大影响。在人文主义者安德鲁·梅尔维尔（Andrew Melville，1545—1622）的领导下，大学里的圣经语言教学，特别是希腊语教学得到了加强。宗教改革要求所有的教徒都可以独立阅读已翻译成民族语言的圣经，这一要求产生了更广泛的影响。1616年，苏格兰枢密院通过了"学校建立法案"（School Establishment），要求各个教区出资建立一个全国性的学校网，并由教会监督。后来，苏格兰分别在1633年、1646年和1696年通过议会颁布了相关决议来促进这项法案的实施，并委托长老会监管学校。由于爱尔兰人大部分信奉天主教，而高地地区和赫布里底群岛所说的盖尔语又与爱尔兰关系密切，所以盖尔语受到了排斥。而与此同时，英语作为低地语言和宫廷语言得到了推广。

说盖尔语的高地区域和说英语的低地区域在政治、宗教、经济和社会等方面的差异也反映在各自的文学中。苏格兰英语是宫廷和教育用语，所以在17世纪之前就已经享有很高的声誉。例如，约翰·贝伦登（John Bellenden）于1533年出版了李维所著《罗马史》（*Römischen Geschichte*）的前五卷译本，1536年则出版了赫克托·波伊斯《苏格兰史》的译本。雅各布六世时期还有威廉·福勒（William Fowler，约1560—1612）、鲍德尼尼斯的约翰·斯图尔特（John Stewart，约1545—约1605）和亚历山大·蒙哥马利（Alexander Montgomerie，约1550—约1600）等多位宫廷诗人。在苏格兰与英格兰联合后，苏格兰英语日渐衰微。随着苏格兰高地和赫布里底群岛政治和社会局势的变化，曾在爱尔兰和苏格兰使用的古典盖尔文学语言逐渐退出历史舞台，而苏格兰盖尔语则渐渐取而代之成为新的文学语言。即便如此，第一本印刷版的苏格兰盖尔语诗集也直到 1751 年才出版。

第六章

18世纪

18至20世纪，苏格兰不断发展，社会和经济领域发生了重大变化，有些影响一直持续至今。这一阶段始于1707年大不列颠联合王国建立，止于1914年第一次世界大战爆发。拿破仑战争结束虽然不是这一时期最重要的事件，但也意义非凡。借助战争，联合王国的实力不断增强。这不仅为大英帝国的诞生铺平了道路，也对苏格兰历史产生了重大影响。

政治和经济的发展

与富庶的南部邻国英格兰相比，苏格兰相对贫穷。

联合王国的成立招致大部分苏格兰人不满，这为斯图亚特王朝复辟创造了有利条件。早在 1689 年，邓迪子爵（Viscount Dundee，1648—1689）就公开反对罢黜雅各布二世。在基利克兰基战役（der Schlacht von Killiecrankie）中，詹姆斯党取得了胜利，但其领导人却死于政府军之手。三年后，新任君主要求各氏族起誓以示忠诚，而麦克唐纳（MacDonald）氏族的首领却犹豫不决，这成为"格伦科大屠杀"（Massaker von Glencoe）的导火索，80 名麦克唐纳氏族的族人惨遭杀害，此事件正好提高了詹姆斯党的知名度。1701 年雅各布二世去世，随后法国国王路易十四（Ludwig XIV）宣布承认雅各布二世的儿子詹姆士·爱德华·弗朗西斯·斯图亚特（James Edward Francis Stuart，1688—1766）为英格兰、苏格兰和爱尔兰的合法国王。同年，西班牙爆发了王位继承战争（1701—1714），法国独自对抗哈布斯堡王朝的利奥波德一世（Kaiser Leopold I）与英格兰及荷兰的三国联军，同时也加强了对詹姆斯党的支持。

1708 年詹姆士·弗朗西斯·斯图亚特（史称"老王位觊觎者"）率领法国军队首次尝试登陆福斯湾，但遭到英国军舰的阻截，无功而返。英法两国在 1713 年签订了《乌得勒支和约》（Frieden von Utrecht）。然而安妮女王逝世后，乔治一世继位，詹姆斯党于1715年夏再次起义，战火蔓延到苏格兰和英格兰北部。受到战争胜利的鼓舞，詹姆士·弗朗西斯·斯图亚特年底从法国回到苏格兰，却发现早已时过境迁。在谢里夫缪尔战役（der Schlacht von Sheriffmuir）中，苏格兰詹姆斯党虽然在人数上占优势，但依然难逃战败的命运。与此同时，他们在兰开夏郡的普雷斯顿也遭遇惨败。詹姆士·弗朗西斯·斯图亚特于1716年2月逃回法国，詹姆斯党军队也遭解散，议会下令解除了苏格兰高地的武装。少将乔治·韦德（George Wade，1673—1748）指挥英国政府军在相关地区修建驻地和军用道路。

《乌得勒支和约》暂时缓和了英法关系，但是在奥地利王位继承战（1740—1748）中，英法两国立场对立；而且在北美和印度也互为竞争对手。因此，1740年两国再度交恶。"老王位觊觎者"的长子查尔斯·爱德华·斯图亚特（Charles Edward Stuart，1720—1788）在高地氏族的军事支持下，于1745年8月前往苏格兰，承袭其父的遗志，要求登基。尽管他并未获得所有氏族的支持，支持他的氏族也未全力以赴，但是在爱丁堡附近的普雷斯顿潘之战中詹姆斯党军队却战胜了政府军。尽管得到了英国詹姆斯党的声援和法国的军事援助，但詹姆斯党军队到达伦敦西北约 200 千米的德比地区后便停滞不前。后来撤回苏格兰，1764 年 1 月在福尔柯克之战中再次击败了政府军。但三个月后，詹姆斯党军队在因弗内斯附近的库洛登战役中遭受了毁灭性打击，查尔斯·爱德华·斯图亚特也逃回了法国。"老王位觊觎者"于 1766 年去世，宗座委员会也承认了汉诺威王室的合法地位。"小王位觊觎者"和他的弟弟枢机主教亨利·本尼迪克特·斯图亚特（Henry Benedict Stuart，1725—1807）死后，詹姆斯党复辟斯图亚特王朝的政治希望最终破灭。

起义遭到镇压后，苏格兰高地在政治、经济和文化上都遭到了压制。议会 1746 年就通过了《禁止令法》(Act of Proscription)，规定持有武器和穿着传统高地服饰皆为违法。同时还颁布了《苏格兰遗产管辖权法》[Heritable Jurisdictions (Scotland) Act]，规定皇室官员享有氏族首领的传统特权，如此一来高地和赫布里底群岛自中世纪流传下来的社会制度就失去了法律依据。雇农也是受害者。当时养羊的收益更高，为了腾出更多的地方养羊，雇农被迫离开自己的土地。这场"高地清除"运动在 19 世纪早期达到了高潮，无数大大小小的村庄被强行解散，人口大幅减少，高地和赫布里底群岛的很多地方至今仍保留着其特有的外观。

联合王国建立后，苏格兰能够自由进入英国和新兴的大英帝国市场，低地地区经济迅速腾飞。在农业方面，通过给沼泽地排水，引进国外改良农具和马铃薯等新作物，以及使用轮作和在特定区域种植特定作物的方式，提高了农作物产量和生产利润。另外，还通过修建道路等举措改善了基础设施。詹姆斯党起义结束后，麻纺织工业迅速发展成为重要行业。为促进手工业和工业的发展，1727 年制造业委员会宣告成立。同年苏格兰皇家银行（Royal Bank of Scotland）成立，苏格兰银行体系初具雏形。港口城市格拉斯哥毗邻克莱德湾，因其地理位置优越，一跃成为国际贸易和跨大西洋贸易的中心。苏格兰商人首先与交好的英国殖民地开展烟草贸易。后来，由于美国独立战争爆发，美国正式成立，烟草贸易中断。他们转而大量经营加勒比地区的商品，如棉花、糖和朗姆酒等。

苏格兰经济崛起及贵族和上层社会强大的财力也体现在建筑领域，时至今日，在许多建筑身上仍可以看到 18 世纪特有的格鲁吉亚建筑风格和古典主义对称结构。霍普顿庄园（Hopetoun House）位于爱丁堡附近，四周围绕着景观花园；班夫（Banff）附近的达夫故居（Duff

House），都是此类建筑的杰出代表，它们均出自柯科迪（Kirkcaldy）的建筑师罗伯特·亚当（Robert Adam，1728—1792）之手。此外，爱丁堡新城（New Town）和因弗雷里（Inveraray）市中心的格鲁吉亚风格城区也是按照格鲁吉亚风格建筑而成。苏格兰风景画名家亚历山大·内斯密斯（Alexander Nasmyth，1758—1840）的多部作品用来装饰室内，同时代的画家艾伦·拉姆齐（Allan Ramsay，1713—1784）和亨利·雷本（Henry Raeburn，1756—1823）的作品也被用于室内装饰。

苏格兰启蒙运动及其遗产

新兴资产阶级经济实力日益雄厚，国教大力推崇加尔文教的职业观。17世纪苏格兰大力办学，印刷和出版行业兴起。相对宽松的政治及宗教环境，推动了全民读书和思辨的气氛。苏格兰启蒙运动的发展都与上述种种因素密不可分。苏格兰启蒙运动以对人类理性的乐观信任及其对个人和社会进步的积极影响为指导，其代表人物对全世界哲学、社会学、经济学和自然科学的发展产生了影响。

弗兰西斯·哈奇森（Francis Hutcheson，1694—

1746）是苏格兰启蒙运动的奠基人之一。他出生于北爱尔兰，是苏格兰长老会牧师的儿子，1729 年被格拉斯哥大学聘请为道德哲学教授。受约翰·洛克（John Locke，1632—1704）和沙夫茨伯里勋爵（Lord Shaftesbury，1671—1713）思想的影响，哈奇森在伦理学和美学领域中著作颇丰，另外还身兼教职授业解惑，爱丁堡的大卫·休谟（David Hume，1711—1776）就深受他的启发。休谟是苏格兰启蒙运动中唯一未获得大学教授职位的哲学家。休谟曾担任过外交官，除了认识论、伦理学和经济学的著作外，还撰写了六卷本的《大不列颠史》（写作于 1754—1761 年）。作为一名激进的经验主义者，休谟否定观念是与生俱来的论断，主张观念只能来源于人类的经验，从理性角度驳斥了因果关系理论。他还主张假定的认知来源于重复经验所养成的思维习惯。德国的康德（Kant）吸收了休谟的观点。而作为休谟哲学的对立面，托马斯·里德（Thomas Reid，1710—1796）发展了其老师乔治·特恩布尔（George Turnbull，1698—1748）的思想，认为构成认知的基础是一种与生俱来的判断力，即"共通感"（sensus communis）或"常识"（common sense）。此外，里德还和乔治·坎贝尔（George Campbell，1719—1796）、詹姆斯·比蒂（James

Beattie，1735—1803）联合创立了苏格兰常识哲学学院。里德的思想受到康德的尖锐批判，而杜格尔德·斯图尔特（Dugald Stewart，1753—1828）却将其归纳整理。之后里德的思想经由苏格兰神学家约翰·诺克斯·威瑟斯庞（John Knox Witherspoon，1723—1794）在美国广泛传播，1768 至 1794 年，威瑟斯庞创立了新泽西神学院，也就是现今普林斯顿大学的前身。

亚当·斯密（Adam Smith，1723—1790）是哈奇森的学生，也是休谟的密友。他出生于柯科迪，曾在格拉斯哥大学和牛津大学求学。毕业后，亚当·斯密在格拉斯哥大学担任逻辑学和道德哲学教授，之后给苏格兰公爵当家庭教师，并陪同其外出游历。1776 年斯密的代表著作《国民财富的性质和原因的研究》（简称《国富论》，英文为 *An Inquiry into the Nature and Causes of the Wealth of Nations*，德语为 *Untersuchung über Wesen und Ursachen des Wohlstands der Nationen*）出版，他在书中提出，劳动是商品价值的重要来源，而非先前学者强调的自然资源。由于他对劳动分工和自由竞争的独到见解，斯密成为"现代国民经济学之父"。亚当·弗格森（Adam Ferguson，1723—1816）是现代社会学奠基人。他出生于佩思郡，既会说盖尔语又会说英语。弗格森曾多年担任军队牧师，1759 年起任爱丁堡大学哲学教授。他的著作《文明社会史论》（*Essay on the History of Civil Society*）于 1767 年出版，书中分析了资产阶级社会的历史。约翰·米勒（John Millar，1735—1801）出生于拉纳克郡，父亲是一位牧师。他于 1761 至 1800 年在格拉斯哥大学任教，担任民法教授，主要研究社会等级制度及现状的经济基础，以及社会中的两性关系。

苏格兰启蒙运动重视实证研究，这不仅推动了对人和人类社会的研究，也为人类对自然的研究带来了新的动力。中洛锡安郡的农场主詹姆斯·安德森（James Anderson，1739—1808）一方面从理论上研究不同的农业模式对粮食价格及相关国家法律的影响，另一方面在实践中努力提高技术水平，将新研发的犁应用于农业生产，提高产量。威廉·卡伦（William Cullen，1710—1790）的研究对于医学和化学领域具有划时代的意义。他出生于拉纳克郡的汉密尔顿，1751 年起成为格拉斯哥大学的医学教授，后任教于爱丁堡大学。他的上一任罗伯特·怀特（Robert Whytt，1714—1766）教授此前已经凭借神经生理学研究确立了爱丁堡大学在医学领域的领导地位。约瑟夫·布莱克（Joseph Black，1728—1799）师从于卡伦和怀特，1766 年任爱丁堡大学化学教授，因研究潜热和发现二氧化碳及镁元素而闻名。现代地质学的奠基人詹姆斯·赫顿（James Hutton，1726—1797）是数学家兼地质物理学家科林·麦克劳林（Colin Maclaurin，1698—1746）的学生。1795 年科林·麦克劳林在其著作《地球学说》（*Theory of the Earth*）中首次提出了真正意义上的地质年代学，后来赫顿的朋友兼同事约翰·普莱费尔（John Playfair，1748—1819）将地质年代学发扬光大，被公众认可。

麦克弗森的《莪相集》及其对欧洲的影响

联合王国成立后，政治中心转移到伦敦，英语在苏格兰文学中的地位大幅提高。低地苏格兰语曾一度是宫廷和学者用语，之后渐渐沦为方言。诗人艾伦·拉姆齐（Allan Ramsay，1686—1758）能用低地苏格兰语和英语写作，其子是一位肖像画家，与他同名。1725 年艾伦·拉姆齐出版了田园喜剧《温柔的牧羊人》（*The Gentle Shepherd*）。此外，乔治·班纳泰恩（George Bannatyne，1545—1608）将一些流传于 15 和 16 世纪的诗歌汇编成班纳泰恩手稿，后由艾伦·拉姆齐进行整理并出版。同时代的詹姆士·汤姆森（James Thomson，1700—1748）

比艾伦·拉姆齐年轻，长诗《四季》(*The Seasons*) 是
他最著名的作品。后来爱好音乐的奥地利外交官戈特弗
雷德·范·斯维顿 (Gottfried van Swieten) 对其进行改编，
用作约瑟夫·海顿 (Joseph Haydn) 清唱剧《四季》的
歌词。托比亚斯·斯摩莱特 (Tobias Smollett，1721—
1771) 出生于西邓巴顿郡，著有多部流浪汉小说 (Pikareske
Romane)，之后不少英国作家都受他影响，比如萨克雷
(Thackeray) 和狄更斯 (Dickens)。罗伯特·彭斯 (Robert
Burns，1759—1796) 出生于艾尔郡的阿洛韦，被誉为
苏格兰的民族诗人，在作品中他既使用低地苏格兰语，
也使用带有方言色彩的变体英语。直至今日，很多地方
依然会在 1 月 25 日这天庆祝彭斯的生日。

　　与低地苏格兰语和英语不同，18 世纪中期之前苏
格兰盖尔语诗歌尚未被印刷出版，只有口头或手稿的形
式。其中有两本最重要的手稿：一本是《利斯莫尔主牧
师之书》(*Buch des Dekans von Lismore*)，16 世纪上半
叶在佩思郡东部创作完成；另一本是《费尔尼希手稿》
(*Fernaig Manuskript*)，1690 年左右在威斯特罗斯整理
完成，因其以前的存放地而得名。这两本手稿中的有些
诗歌来源于几百年前的记载。有些诗歌是用标准语，还
有些诗歌则是用地区性的方言创作而成。第一本手稿使

用了中世纪吟游诗中数音节的惯用韵律，在第二本手稿中作者保留了很多传统赞美诗的其他习俗，每段采用重音和轻音的不同方法加以区分。

鉴于社会变化和外来文化影响不断深化，18世纪苏格兰盖尔语民间诗歌的发展达到了前所未有的高潮。这一时期涌现出几位最重要的作家，至今仍被奉为大文豪。亚历山大·麦克唐纳（Alexander MacDonald，苏格兰盖尔语为 Alasdair mac Mhaighstir Alasdair，约1700—约1770）1745年改信天主教，并以查尔斯·爱德华·斯图亚特支持者的身份参与了詹姆斯党的最后一次大规模起义。罗布·多恩（Rob Donn，1714—1778）用大量赞美诗和讽刺诗描绘了家乡斯特拉斯内弗（Strathnaver）的乡村生活。威廉·罗斯（William Ross，苏格兰盖尔语为 Uilleam Ros，1762—1791）的爱情诗举世闻名。邓肯·潘·麦金太尔（Duncan Ban MacIntyre，苏格兰盖尔语为 Donnchadh Bàn Mac an t-Saoir，1724—1812）曾多年在阿盖尔郡和佩思郡看守猎场，因此他所作的自然诗受此影响。然而，苏格兰盖尔语文学首次受到国际社会的关注得益于一位作家，尽管100多年以来他的地位依然是文学领域中争论的焦点。

詹姆斯·麦克弗森（James Macpherson，1736—1796）

出生于金尤西附近的拉斯文。在阿伯丁和爱丁堡完成学业后，他回到家乡一所学校担任教师，后来去爱丁堡做家庭教师。1759年麦克弗森结识了剧作家约翰·休姆（John Home，1722—1808）和他的朋友教士亚历山大·卡莱尔（Alexander Carlyle，1722—1805）。三年前约翰·休姆因其无韵剧《道格拉斯》（*Douglas*）一举成名。两人都对苏格兰高地文学有兴趣，因此麦克弗森向他们展示了16篇文章，并暗示两人，他可以将这些苏格兰盖尔语文章翻译成英语。经休姆介绍，文学评论家兼爱丁堡大学诗学及修辞学教授休·布莱尔（Hugh Blair，1718—1800）也注意到了这些文章。在布莱尔的倡议下，麦克弗森1760年7月首先在《古代诗歌断片》（*Fragments of Ancient Poetry*）一书中匿名发表了这些文章。结果该书反响热烈，受到鼓舞的麦克弗森接着又出版了两本书《芬戈尔》（*Fingal*，1762）和《特莫拉》（*Temora*，1763）。当时麦克弗森称这些作品出自一位年迈的诗人莪相（Ossian）之手，他生活在3世纪。以上三本书都出现在1765年出版的全集《莪相作品集，芬戈尔之子》（*The Works of Ossian, The Son of Fingal*）中，全书分为两卷，并附有休·布莱尔的《评〈莪相作品集〉》。

莪相的作品在整个欧洲广受欢迎，并不断被重译。

在德国，赫尔德（Herder）和少年歌德（Goethe）是其最重要的书迷。1773 年在赫尔德的作品《关于莪相和古代民族的歌体诗的通信摘要》（*Auszug aus einem Briefwechsel über Ossian und die Lieder alter Völker*）中出现了莪相的作品。少年歌德则身体力行，将莪相的一些作品翻译成了德语，并用在 1774 年出版的小说《少年维特的烦恼》（*Die Leiden des jungen Werthers*）中。虽然麦克弗森的作品存在一些不足，为了迎合当时公众的口味，对写作材料的处理比较随心所欲，文章中一些内容也无从考证，甚至《莪相著作集》（*Werke Ossians*）的翻译也有缺陷，但当时很多人依然认为它是苏格兰盖尔语诗歌的真实译作。事实上，麦克弗森的文章是他自己撰写的，但里面使用了不同的爱尔兰神话中的人物名字、情节、题材。因此，1807 年首次出版的苏格兰盖尔语的文章并不是麦克弗森所说的原稿，而是后来他用英语所著文章的译本。由于缺乏科学见解及对真正苏格兰盖尔语文学作品的了解，长期以来苏格兰无法对该书所描述的内容做出理性评价。德国文学学者威廉·艾尔沃特（Wilhelm Ahlwardt，1760—1830）和神学家奥古斯特·埃布拉德（August Ebrard，1818—1888）分别于 1811 年和 1868 年在德国出版了所谓原稿的标准译本，到 19 世纪的最后 20 年所谓的原稿才被证实是伪造品。但是，对于狂飙突进运动和浪漫主义的诞生，苏格兰盖尔语文学的后续历史以及凯尔特语言学的发展，《莪相著作集》的意义早已不言而喻。

第七章
19世纪

　　拿破仑战争结束后，苏格兰王国按照18世纪上半叶的趋势继续向前发展。苏格兰高地和赫布里底群岛在政治和经济领域变化巨大，苏格兰在缔造大英帝国的过程中所扮演的角色也越来越重要。此外，前往新世界的移民数量也在不断增加。作为启蒙运动的传承者，顶尖的苏格兰自然科学家的发明和发现既走出了国门，也推动了苏格兰的工业化和城市化进程。在人文科学领域，浪漫主义和浪漫主义历史观在苏格兰蓬勃发展。与此同时，18世纪的理性神学也招致了福音派的反对。

大英帝国背景下的苏格兰

在赫布里底群岛和苏格兰高地的沿海区域，人们用海藻当肥料的做法由来已久。到了 18 世纪下半叶，这逐渐形成了一个独立的产业。经烘干、燃烧等工序，人们可以从海藻中提炼出纯碱。纯碱是很多化学工艺的必备原料，比如玻璃和肥皂生产领域。随着工业化的兴起，对于人口稠密但发展较落后的苏格兰高地和赫布里底低地地区而言，提炼纯碱产生的经济效益越来越大。到 19 世纪 20 年代出现了新的化学工艺，取缔了保护性关税，制碱业几乎全线崩溃。1846 至 1852 年，苏格兰高地地区出现了新型真菌，导致土豆大量减产甚至绝收，许多地区的贫困人口也因此饱受饥荒折磨，这场危机也让大众首次认清了自己所处的困境。

为了摆脱困境，苏格兰高地和赫布里底群岛上的男人们纷纷加入英国军队。在七年战争（1756—1763）期间，苏格兰成立了自己的高地军团。后来苏格兰士兵相继参加了美国独立战争（1775—1783）、西班牙独立战争（1808—1814）、克里米亚战争（1853—1856）以及保卫英国在印度的占领区。自 19 世纪 20 年代起，越来越多的居民从经济落后地区迁到苏格兰低地和英格兰北部的新兴工业城市。此外，还有一些人去北美或澳大利亚开发新大陆。

加拿大是移民潮的一个主要目的地。早在雅各布六世时期，移民者于 1621 年在北美洲沿大西洋东海岸建立了"新苏格兰省"（拉丁语为 Nova Scotia），生于克拉克曼南郡的贵族威廉·亚历山大（William Alexander，1567—1640）担任总督。由于法国不断加强对该地区的控制，1760 年前苏格兰的移民数量较低。后来在七年战争中，法国战败，把北美的大部分领地转让给了英国，更加吸引了苏格兰移民。特别是在今天的新斯科舍半岛、新不伦瑞克省（Provinz New Brunswick，位于新斯科舍省西部）以及邻近的布雷顿角岛（Inseln Cape Breton Island）和爱德华王子岛（Prince Edward Island），吸引了大量移民来此定居，并将苏格兰盖尔语和许多苏格兰文化传统带到了这里，其中一些被保留至今。圣弗朗西斯泽维尔大学 [St. Francis Xavier Universität，1866 年成立，位于安堤格尼西市（Antigonish）] 和卡普顿盖尔语学院（Cape Breton Gaelic College，1938 年成立）均对苏格兰文化有所研究。苏格兰移民也对安大略省格伦加里地区的文化产生了影响。格伦加里高地运动会（Glengarry Highland Games）自 1948 年创办以来，每年

8 月的第一个周末都会举行，在同类型的文化节日中其规模仅次于苏格兰。

19 世纪，美国和澳大利亚成为继加拿大后苏格兰移民的首选目标。移民不是来自苏格兰高地或赫布里底群岛，而是来自苏格兰低地的农村地区或爱尔兰东北部苏格兰人聚居的地区。苏格兰移民中，最著名的当数实业家、慈善家安德鲁·卡内基（Andrew Carnegie，1835—1919）和企业家亚历山大·格雷厄姆·贝尔（Alexander Graham Bell，1847—1922）。卡内基在邓弗姆林长大，是织布工的儿子。贝尔来自爱丁堡，他发明了电话，奠定了现代电话系统的基础。

除了苏格兰高地和赫布里底群岛地区，苏格兰低地地区和南部丘陵地区也延续了 18 世纪的发展。这在很大程度上得益于启蒙运动所塑造的知识社会，杰出的代表人物着眼于未来，不断推陈出新。出生于格拉斯哥的威廉·哈密顿爵士（Sir William Hamilton，1788—1856）遵循"常识哲学"传统，是一位极具影响力的学者。他重新整理了托马斯·里德和杜加尔德·斯图尔特（Dugald Stewart）的论著，并因此闻名于世。哈密顿的思想在美国传播的过程中，来自艾尔郡的学生詹姆斯·麦考什（James McCosh，1811—1894）发挥了至关重要的作用，他在 1868 至 1888 年间担任新泽西州学院的院长。在地质学领域，出生于邓迪北部科尼迪的查尔斯·莱尔爵士（Sir Charles Lyell，1797—1875）是查尔斯·达尔文（Charles Darwin）的好友，他推广了詹姆斯·赫顿和约翰·普莱费尔（John Playfair）的思想。杰德堡（Jedburgh）的数学家、物理学家戴维·布鲁斯特爵士（Sir David Brewster，1781—1868）在光学领域的发现和发明，也具有划时代意义。詹姆斯·克莱克·麦克斯韦（James Clerk Maxwell，1831—1879）生于爱丁堡，是牛顿之后、爱因斯坦之前最重要的物理学家。他先后在阿伯丁、伦敦和剑桥等地教书，他的电磁学研究为相对论和量子力学奠定了基础。

工业化、城市化和民族意识

18 世纪上半叶起苏格兰开始兴建公路，到了 19 世纪仍然持续不减。苏格兰工程师约翰·伦尼（John Rennie，1761—1821）在当时极具代表性，声望极高。他出生于洛锡安区东部，是当地农场主的儿子。他主持设计了英国和爱尔兰的多处港口、运河及伦敦的滑铁卢大桥，因此名声大噪。另一个厉害人物是来自邓弗里斯郡的托马斯·泰尔福特（Thomas Telford，1757—1834）。他在1803 至 1822 年主持修建了连接因弗内斯和威廉堡的卡利多尼安运河（Kaledonischen Kanal），并修建了许多桥梁，设计了多条道路。约翰·劳登·马卡丹（John Loudon McAdam，1756—1836）出生于艾尔，他从实践的角度对道路建设进行改善，发明了一种新型筑路方式，即采用多层不同质地碎石压筑路面。时至今日，人们用他的名字来命名这种筑路方法——"碎石筑路法"（Makadam）。

吉姆斯·瓦特（James Watt，1736—1819）出生于格林诺克，他对蒸汽机进行了改良。18 世纪早期蒸汽机被用于采矿业，用来抽取矿井中的地下水。改良后的蒸汽机对交通建设意义非凡。瓦特的发明提高了原有蒸汽机的性能，实现了用蒸汽驱动飞轮，为后来蒸汽轮船和蒸汽火车的发明奠定了基础。而蒸汽轮船和蒸汽火车的问世得益于威廉·默多克（William Murdoch，1754—1839）。威廉·默多克来自艾尔郡，1777 年开始为瓦特工作。1784 年他发明了第一台实用性强的可移动蒸汽机，还发明了第一代蒸汽火车头。苏格兰工程师博蒙特·尼尔森（Beaumont Neilson，1792—1865）的发明也影响深远。他出生于格拉斯哥附近的一个村庄，他改进了高炉技术，提高了当地钢铁冶炼的经济效益，同时也推动了苏格兰煤炭、铁路建设、复合材料船舶制造以及蒸汽船航运等产业的发展。

1826 年，芒克兰兹（Monklands）和柯金蒂洛赫（Kirkintilloch）之间建成了苏格兰的第一条铁路，最初主要用于煤炭运输。后来，格拉斯哥和爱丁堡（1842）、爱丁堡和伦敦（1848）以及爱丁堡和阿伯丁（1853）之间相继建成铁路。格拉斯哥是当时的世界船舶制造中心。1860 年之后人们主要用铁来造船，后来也开始使用钢材。黄麻加工业是邓迪最重要的产业，阿伯丁最重要的产业是造船和渔业。由于运输便捷，苏格兰的农业和渔业产品也首次大规模地受到伦敦大区市场的关注。1860 年棉纺织工业成为苏格兰最重要的产业，后来美国南北战争切断了苏格兰棉纺织业的原料供应，而苏格兰中部的重工业趁机强势发展。

苏格兰的经济蓬勃发展，一片光明。但在繁荣背后，城市工人的生活条件却极其恶劣，他们住在贫民窟里，卫生条件极差，医疗服务和社会保障欠缺。德国人心目中理想的苏格兰不是低地地区的工业城市，而是一片原始高地，这种印象也随浪漫主义传播开来。詹姆斯·麦克菲林（James Macpherson）所著的《奥西恩史诗》，特别是他对文学作品的理解与接受开启了苏格兰的浪漫主义时代。而浪漫主义的后续发展，如其中一些较为典型的细节描写手法，则要归功于诗人沃尔特·司各特爵士（Sir Walter Scott，1771—1832）。司各特爵士是传统民谣编者、史诗诗人和历史小说家，早已名震海外。同时，他还是充满浪漫主义色彩的苏格兰新民族意识的奠基人。1822 年 8 月，英国国王乔治四世（König Georgs IV）巡视苏格兰，司各特爵士负责安排接洽。詹姆斯党起义失败后，英国禁止苏格兰男人穿方格裙。乔治四世认为自己是斯图亚特王朝的后代，此次巡视时穿上了苏格兰方格裙。另外，其他苏格兰高地和低地的重要人物也都穿上了方格裙。因此，苏格兰方格裙首次成为代表整个苏格兰的传统服饰。同时，年仅 18 岁的维多利亚继承王位，成为联合王国的女王，苏格兰开始逐渐接受了君主国的身份。1842 年维多利亚女王首次巡视苏格兰，此时女王继位已有 5 年，与萨克森-科堡-哥达王朝（Sachsen-Coburg und Gotha-Schottland）的阿尔伯特亲王成婚也有 2 年了。1848 年女王在迪河上游为自己和家族寻得了一块度假胜地，1852 年阿尔伯特亲王购买了此地，4 年后按苏格兰华丽风格将其改建。现在，这里依旧是英国女王的避暑行宫。

沃尔特·司各特爵士是苏格兰浪漫主义文学的领军人物。此外还有一些著名的苏格兰作家，如出生于埃特里克的诗人兼民谣收集者詹姆斯·霍格（James Hogg，1770—1835）、艾尔郡的小说家约翰·高尔特（John Galt，1779—1839）、出生于波斯维尔（Bothwell，位于格拉斯哥附近）的诗人兼剧作家乔安娜·贝利（Joanna Baillie，1762—1851）。在爱丁堡出生的罗伯特·路易斯·史蒂文森（Robert Louis Stevenson，1850—1894）和散文家兼历史学家托马斯·卡莱尔（Thomas Carlyle，1795—1881）等也受到浪漫主义影响，卡莱尔出过关于介绍腓特烈大帝（Friedrich des Großen）历史的书籍。

浪漫主义不仅在文学领域发挥着重要作用，对于音乐领域也至关重要。《苏格兰音韵博物馆》（*Scots Musical Museum*）是一部苏格兰民歌集，共有 6 卷，收录了 600 多首民歌。该书由罗伯特·彭斯（Robert Burns）与音乐出版商詹姆斯·约翰逊（James Johnson，约 1753—1811）共同编辑，于 1787 至 1803 年出版发行。《苏格兰原创音乐精选集》（*A Select Collection of Original Scottish Airs*）也影响巨大，共有 5 卷，在 1799 至 1818 年出版发行，著名作曲家海顿、贝多芬和胡梅尔也协助了莱姆基恩斯（位于法夫郡）的乔治·汤姆森（George Thomson，1757—1851）发行此集。奥西恩和司各特的诗词也由弗兰茨·舒伯特（Franz Schubert，1797—1828）进行谱曲。1825年舒伯特在司各特的长诗《湖上美人》（*Liederzyklus vom Fräulein vom See*）中"爱伦之歌"（Dritter Gesang Ellen）的基础上创作出《圣母颂》（*Ave Maria*），成为他最受欢迎的作品。费利克斯·门德尔松（Felix Mendelssohn，1809—1847）也深受苏格兰浪漫主义启发。1829年到赫布里底群岛的斯塔法岛游览之后，门德尔松创作了《赫布里底群岛序曲》[*Die Hebriden*，又名《芬格尔山洞序曲》（*Fingalshöhle*）]。1842年他完成了第五部交响曲《门德尔松a小调第三交响曲》，也被称为《苏格兰交响曲》（*Schottische Sinfonie*），这也是他的最后一部交响曲。亚历山大·麦肯锡（Alexander Mackenzie，1847—1935）、威廉·华莱士（William Wallace，1860—1940）、哈米什·马卡恩（Hamish MacCunn，1868—1916）和约翰·布莱克伍德·麦克尤恩（John Blackwood MacEwen，1868—1948）等，一批19世纪末20世纪初的作曲家也受到苏格兰浪漫主义的影响。

19世纪下半叶受到苏格兰浪漫主义启发，苏格兰、爱尔兰、威尔士、康沃尔和布列塔尼等地出现了凯尔特复兴运动。律师兼历史学家威廉·福布斯·斯克内（William Forbes Skene，1809—1892）是苏格兰最重要的科学先驱之一，他不仅发表了大量与历史相关的文章，还出版了五卷本历史著作——《凯尔特苏格兰：古阿尔巴史》（*Celtic Scotland: a history of Ancient Alban*，1876—1880）。约翰·弗朗西斯·坎贝尔（John Francis Campbell，1821—1885）和亚历山大·卡迈克尔（Alexander Carmichael，1832—1912）是苏格兰高地和赫布里底群岛民间传说的收藏家。在艺术领域苏格兰也同样人才辈出，比如建筑大师罗伯特·洛里默爵士（Sir Robert Lorimer，1864—1929）、玻璃艺术家道格拉斯·斯特拉坎（Douglas Strachan，1875—1950）、画家约翰·邓肯（John Duncan，1866—1945）等。玛丽乔·肯尼迪-弗雷泽（Marjory Kennedy-Fraser，1857—1930）是一位歌手兼作曲家，同时也是邓肯的好友。在三卷本的歌集《赫布里底群岛的歌》（1909—1921）中，她尝试将传统民歌进行改编，来迎合当时的大众喜好。作家威廉·夏普（William Sharp，1855—1905）出生于佩斯利，曾以菲奥娜·麦克劳德（Fiona Macleod）为笔名出版了一系列凯尔特题材的英文作品。在"凯尔特复兴"的潮流下，一群来自格拉斯哥学校的艺术家大获成功，他们获得国际认可的同时，也对青春艺术风格产生了影响。他们中有查尔斯·雷尼·麦金托什（Charles Rennie Mackintosh，1868—1928）、他的妻子玛格丽特·麦克唐纳·麦金托什（Margaret MacDonald Mackintosh，1864—1933）、妻子的妹妹弗朗西丝·麦克唐纳·麦克奈尔（Frances MacDonald McNair，1873—1921）以及她的丈夫詹姆斯·赫伯特·麦克奈尔（James Herbert McNair，1868—1955）。绘画方面有"格拉斯哥男孩"画家组合，成员包括威廉·约克·麦格雷戈（William York MacGregor，1855—1923）、詹姆斯·格思里（James Guthrie，1859—1939）和詹姆斯·派特森（James Paterson，1854—1932）。他们的画风深受法国风景画的影响，同时他们的现实主义风俗画作品也将印象派引入了苏格兰。

基督教分裂时期的宗教信仰

在文学、艺术和音乐领域里，启蒙运动所倡导的理性主义引发了反对浪漫主义的运动，苏格兰宗教生活中所谓的温和派（Moderates）则占据主导地位，他们批判教条，也注重理性的信仰。在城市化和工业化过程中，理性主义也推动了福音派（Evangelicals）的发展。福音派注重个人宗教经历，恪守《圣经》权威。

宗教改革以来，谁有权挑选并任命教区牧师是苏格兰教会（Church of Scotland）内部争论的焦点：如果各教区自行选拔并任命牧师，那么国王、贵族和当地的地主常常会利用宗教改革前的关系为自己谋利。由于在教会和世俗权力关系上出现分歧，1711 年英国议会颁布了《教会资助法（苏格兰）》[Church Patronage（Scotland）Act]，将资助业余牧师的行为合法化。很多苏格兰教徒和神学家都对此表示不解和抗议，因此早在 1733 年就有几个教区脱离了国教，到了 1761 年这种情况又再次发生。这些脱离出来的教会组成了所谓的救济教会（Relief Church），而 1820 年有几个小派别组成了联合脱离教会（United Secession Church），1847 年两个教派合并为联合长老教会（United Presbyterian Church）。

19 世纪 30 年代，国家和教会之间的矛盾进一步激化。在教会独立方面，苏格兰教会中福音派的影响力日益扩大。尽管如此，他们针对民事审判权提出的要求还是无法实施。因此 1843 年教会出现了分裂，在神学家托马斯·查默斯（Thomas Chalmers，1780—1847）的带领下，450 名牧师（总数为 1200 名）以及约三分之一的普通教徒离开苏格兰教会，试图建立真正的国教——苏格兰自由教会（Free Church of Scotland）。

在苏格兰高地和赫布里底群岛的许多地区，由于宗教分裂，大部分神职人员和教徒脱离苏格兰教会，加入了新的自由教会。在苏格兰低地的一些城市里，苏格兰教会的地位也大幅降低，尤其是在新兴中产阶级心中。中产阶级凭借其强大的经济实力试图建立新的国家教会，他们修建教区教堂、牧师住宅、牧师学校、传教机构以及自由教会高校，要建成一个全国性的体系，专门培养神职人员。苏格兰教会不愿继续沉沦下去，它们改变了自己的策略，重新获得了大众的青睐。另一方面，苏格兰自由教会中的传统加尔文派和自由派之间关系紧张，削弱了自由教会的影响力，这股热情没有持续多久就逐渐平息下来。1893 年，一些极端保守的牧师和教区脱离自由教会后成立了苏格兰自由长老教会（Free Presbyterian Church of Scotland），而苏格兰自由教会的其他成员于 1900 年与联合长老教会合并为苏格兰联合自由教会（United Free Church of Scotland）。

从更大的时代背景来看，苏格兰教会和苏格兰自由教会之间长达几十年的对峙，反映出 19 世纪宗教和意识形态的多元化发展。此外，罗马天主教信徒数量增加（主要是因为爱尔兰移民涌入格拉斯哥大区)、苏格兰圣公会 (Scottish Episcopal Church) 重组以及其他宗教团体的发展壮大也体现多元化的趋势,比如贵格会 (Quäker)、浸礼宗 (Baptisten)、循道宗 (Methodisten),还有几个非宗教性质的信仰组织,如共济会(Freimaurerei)。然而,世俗化趋势也越发明显,比如 1872 年起国家逐渐接管教育事业。1929 年苏格兰联合自由教会重新加入了苏格兰教会,至此宗教分裂才真正结束。

第八章

从第一次世界大战到自治运动的成功

从维多利亚女王逝世到第一次世界大战爆发之间间隔13年，这段时间里苏格兰经济和社会发生了深远变化，在"一战"期间和战后显示出蓬勃的发展力。这些变化对政治发展、苏格兰人的民族意识和文化自我认同，都产生了长远影响。苏格兰在第二次世界大战中也遭到重创，1945年后从多方面进行经济现代化建设，也因此改变了与英国的关系。

社会和经济变革

19世纪中期时，苏格兰社会实现在法律上男女平等还遥遥无期。早在 1867 年，女权主义者玛丽·克鲁德利斯（Mary Crudelius，1839—1877）和萨拉·梅尔（Sarah Mair，1846—1941）成立了爱丁堡女子教育协会（Edinburgh Ladies' Educational Association），自主安排大学课程，首次让女性能获得大学学位。简·阿瑟（Jane Arthur，1827—1907）和费洛拉·史蒂文森（Flora Stevenson，1839—1905）等自 1873 年起任职于国家教育监察部门。1886 年英国女医生素菲娅·杰克斯-布拉克（Sophia Jex-Blake，1840—1912）创办了爱丁堡女子医学院（Edinburgh School of Medicine for Women），专门培养女医生。1892 年起苏格兰所有大学都开始接收女学生。埃尔西·英格利斯（Elsie Inglis，1864—1917）是苏格兰第一批女医生，曾在爱丁堡和格拉斯哥求学。第一次世界大战期间，她因组织医生为盟国提供医疗救助而闻名。1918 年议会通过了两项法律，承认女性对战争的贡献。此后，首次允许年满 30 岁的女性在满足特定条件的前提下获得选举权，同时也能参加议会竞选。1928 年才实现男女有完全平等的选举权。战争期间，很多苏格兰女性活跃于政坛，比如海伦·弗雷泽（Helen Fraser，1881—1979）。她出生于利兹，之后移民到澳大利亚，父母都是苏格兰人。还有玛丽·波洛克·格兰特（Mary Pollock Grant, 1876—1957），她在邓迪出生，"二战"期间在伦敦致力于保护平民。克里斯特尔·麦美伦（Chrystal Macmillan, 1872—1937），爱丁堡人，1896年毕业于爱丁堡大学自然科学专业，该专业毕业的第一位女性，战前她就主张女性应拥有选举权，"一战"期间成为一名反战主义者。

直到19世纪中期，苏格兰高地和赫布里底群岛地区的经济落后依然没有改善。佃农和小农场主既没有政治权利，也没什么资产，他们经常发动骚乱。1882年左右在天空岛上爆发了布拉埃斯之战（Battle of the Braes）：一方是强大的格拉斯哥警队，共50人；另一方则由男人、女人和小孩组成，数量是对方的两倍，他们手持石头和棍棒，拼死抗争。为了解决这一问题，1883年英国政府成立了苏格兰高地和岛屿小农场主和佃农状况皇家调查委员会（Royal Commission of Inquiry into the Condition of Crofters and Cottars in the Highlands and Islands），弗朗西斯·纳皮尔勋爵（Lord Francis Napier, 1819—1898）担任主席，因此该会也被称作纳皮尔委员会（Napier Commission）。委员会对参与者进行了详细调查，在调查的基础上一年后又发布报告，然而此举只能暂时稳定局势。1886年《苏格兰佃户土地法案》

(Crofters' Holdings Scotland Act) 问世后才有了实质性改善。该法案为佃农提供了法律保障，并专门设立委员会严控租金。尽管如此，落后地区佃农的处境仍然十分困难。1912 年发布的《杜瓦报告》(*Dewar Report*) 对苏格兰高地和赫布里底群岛地区的医疗保障进行了仔细分析之后，也得到相同的结论。直到第一次世界大战结束后，政治局势和经济形势出现了新的变化，情况才慢慢好转。1965 年高地和岛屿发展理事会 (Highlands and Islands Development Board) 接管了政府资金的调动分配工作，1991 年该机构更名为高地和岛屿公司 (Highlands and Islands Enterprise)。

"一战"期间,苏格兰在联合王国中扮演了重要角色,苏格兰的格拉斯哥大区不但有大量战略意义重大的兵工厂，而且还向民众提供食物补给。此外，英国远赴法国和比利时的远征军中有大量苏格兰士兵，战争中阵亡人数和伤残人员比例很高，对此苏格兰叫苦不迭。人烟稀少的赫布里底群岛之刘易斯岛损失最为惨重。仅 1919 年新年，200 多名士兵因运输舰"伊莱尔号"(Iolaire) 出现事故，在返乡途中遇难。

19 世纪，苏格兰社会和经济动荡不安，除了苏格兰高地和赫布里底群岛以外、格拉斯哥、克莱德班克、格里诺克和佩斯利等城市所在的低地工业区也经常发生骚乱和罢工。维多利亚统治结束后也没有好转，在"一战"爆发前几年情况愈演愈烈。虽然战争期间造船业和煤炭工业发展尤其迅速，但是"一战"结束后苏格兰重工业就立即开始衰退，一直持续到二三十年代，结果失业率大幅飙升，激进社会主义和共产主义"红色克莱德赛德"（Red Clydeside）工人运动盛行。1915 年人口密集的大城市房租大幅上涨，引发了大规模抗议行动，迫使政府立法将租金降到战前水平。1919 年 1 月格拉斯哥发起运动，要求每周工作 40 小时并改善工作条件，再次引发骚乱，政府担心爆发革命，动用了部队和装甲车。然而，1929 年股市狂跌后，全球经济危机继续恶化。

第二次世界大战爆发几周后才波及苏格兰。1939 年 10 月 14 日，一艘德国潜艇在斯卡珀港（Scapa Flow）击沉了英国战舰"皇家橡树号"（Royal Oak），800 多名海员遇难。两天后，德军对福斯湾北岸的海军基地罗赛斯发动了首次空袭。1941 年 3 月 13 日和 14 日，德军对克莱德班克的弹药厂和造船厂发起最猛烈的空袭之一，500 多名平民遇害，几个居民区也完全被毁。德国发动潜艇战后，英国政府面临食物不足的困境。后来柯科迪的农学家约翰·罗斯·雷伯恩（John Ross Raeburn,

1912—2006）提出方案，号召人民进行耕作，"为胜利掘土"（Dig for Victory-Kampagne），借以自给自足。在第二次世界大战中，战场上随处可见苏格兰士兵的身影，尤其是特种空勤团（Special Air Service）更是战功卓著。该团由佩思郡的大卫·斯特林（David Stirling，1915—1990）创立于1941年，至今依然存在。南尤伊斯特岛的唐纳德·约翰·麦克唐纳（Donald John MacDonald，1919—1986），在他的《在纳粹党的阴影下》（*Fo Sgàil a'Swastika*，德语为 *Unter dem Schatten des Hakenkreuzes*，1974）一书中，记录了大卫在德军中的五年战俘经历。

第二次世界大战后，苏格兰大城市的人口持续增长，特别是格拉斯哥和爱丁堡。为了缓解人口稠密地区的压力，苏格兰开始规划兴建新市镇。不久之后出现了一大批新兴城市，包括南拉纳克郡的东基尔布莱德（East Kilbride，1947）、法夫的格伦罗西斯（Glenrothes，1948）、北拉纳克郡的坎伯诺尔德（Cumbernauld，1956）、西洛锡安郡的利文斯顿（Livingston，1962）以及北艾尔郡的尔湾（Irvine，1966）。格拉斯哥、邓迪和爱丁堡形成一个三角地带，大量新兴产业在这里发展壮大。由于这里和美国加利福尼亚州的硅谷相似，因此被称为英国"硅谷"。

政治发展

维多利亚时代结束后，苏格兰社会和经济都发生了变革，苏格兰的政党也做出了改变。1860 至 1920 年这几十年间，英国政坛呈现出保守党和自由党两党对立的局面。自由党领袖威廉·尤尔特·格莱斯顿（William Ewart Gladstone，1809—1898）出生于利物浦，父母是苏格兰人，他曾在维多利亚女王时期四次出任英国首相。"一战"开始前几年，自由党在英格兰人赫伯特·亨利·阿斯奎斯（Herbert Henry Asquith，1852—1928）和威尔士人大卫·劳莱·乔治（David Lloyd George，1863—1945）的领导下倡导了一系列福利改革政策。20 世纪 20 年代，工党（Labour Party）取代自由党，成为保守党的最大反对党。工党是激进社会主义思想代表者和温和的社会民主思想代表们与工会运动先锋相结合的产物，苏格兰工党是工党的前身。苏格兰工党由民族主义者罗伯特·邦廷·坎宁安·格雷厄姆（Robert Bontine Cunninghame Graham，1852—1936）和工会领袖詹姆斯·凯尔·哈第（James Keir Hardie，1856—1915）创立，1894/1895 年发展为独立工党（Independent Labour Party）。1906 年工党成立，独立工党随之加入，凯尔·哈第成为首任党魁。拉姆齐·麦克唐纳（Ramsay MacDonald，1866—1937）来自马里郡（Morayshire）的洛西茅斯（Lossiemouth），曾于 1924 年、1929 至 1931 年两次组建工党政府。1964 至 1970 年由哈罗德·威尔逊（Harold Wilson，1916—1995）担任工党领袖；1974 至 1979 年由哈罗德·威尔逊（1974—1976 年任英国首相）和詹姆斯·卡拉汉（James Callaghan，1912—2005，1976—1979 年任英国首相）担任领袖；1997 至 2010 年托尼·布莱尔（Tony Blair，1953— ，1997—2007 年任英国首相）和来自格拉斯哥的戈登·布朗（Gordon Brown，1951— ，2007—2010 年任英国首相）担任领袖。

约翰·麦克莱恩（John MacLean，1879—1923）是苏格兰早期激进社会主义的代表人物之一。他出生于格拉斯哥的波洛克索斯，父母都是加尔文教教徒、苏格兰高地的移民。1915 年之前他是一名小学教师。麦克莱恩融合了合作思想和马克思主义，起初加入了社会民主联盟（Social Democratic Federation，1881 年建立），之后又加入了不列颠社会党（British Socialist Party，1911 年建立）。第一次世界大战期间，他反对与德国开战，主张团结国际工人阶级。因为不当言论，他被革除教职，锒铛入狱几个月。为传播共产主义理念，1916年麦克莱恩建立了苏格兰劳工学院（Scottish Labour College），在工人共和党（Scottish Workers Republican Party）内部把社会主义与苏格兰民族主义结合起来。他认为分裂联合王国是共产主义革命的突破口，这一点与爱尔兰的马克思主义理论家和革命家詹姆斯·康诺利（James Connolly，1868—1916）的观点相符。麦克莱恩早逝后，苏格兰的民族主义和社会主义者都将他视为革命先驱。

鲁埃里德·厄斯金（Ruairidh Erskine，1869—1960）是苏格兰民族主义最重要的先驱人物之一，他与麦克莱恩和爱尔兰民族主义者均有交往。厄斯金出身于苏格兰南部城市布莱恩的一个贵族家庭，自幼跟保姆学会了盖尔语。当时爱尔兰民族主义者非常重视盖尔语的历史，受到他们的启发，1904年厄斯金创办了文化杂志《年度之声》（*Die Stimme des Jahres*，盖尔语为 *Guth na Bliadhna*），既弘扬苏格兰盖尔语文化，又推动苏格兰独立运动。厄斯金还有一位志同道合的朋友威廉·吉里斯（William Gillies，1865—1932），吉里斯曾受到《高地》杂志的编辑约翰·默多克（John Murdoch，1818—1903）鼓舞，为苏格兰高地和赫布里底群岛的雇农争取权益。1921年二人效仿爱尔兰民族主义政党新芬党，成立了独立运动组织——苏格兰民族联盟（Scots National League），呼吁建立苏格兰自己的议会。1928年苏格兰民族联盟加入苏格兰民族党（National Party of Scotland）。除了厄斯金和吉里斯，党内的重要人物还有罗伯特·邦廷·坎宁安·格雷厄姆和约翰·麦考密克（John MacCormick，1904—1961）。苏格兰党（Scottish Party）比苏格兰民族党晚两年成立，1934年两党合并为苏格兰民族党（Scottish National Party，又译苏格兰国家党）。建立之初，苏格兰民族党并不主张苏格兰完全独立，而是致力于争取苏格兰自治和建立苏格兰议会。

在这样的背景下，1942年苏格兰民族党开始发起一场温和的民族独立运动，最初叫作苏格兰联盟（Scottish Union），后改为苏格兰公约（Scottish Convention），最后称苏格兰公约协会（Scottish Covenant Association）。后来苏格兰民族党主张苏格兰彻底脱离联合王国。在民族独立的关键问题上，两党产生分歧并削弱了苏格兰的民族运动，直到20世纪60年代，苏格兰民族党才开始取得政治上的成功。20世纪70年代，英国政府为建立苏格兰议会制定出具体方案，推进了联合王国的分权进程。

现代文学与艺术

随着新民族意识的出现，苏格兰文学、音乐和艺术领域的发展融合了不同地区的文化，这一阶段被称为"苏格兰文艺复兴"（Scottish Renaissance）。诗人克里斯托弗·墨里·格里夫（Christopher Murray Grieve，1892—1978）是最重要的发起人和关键人物，他的笔名是休·麦克迪米德（Hugh MacDiarmaid）。麦克迪米德出生于兰格霍姆（Langholm，位于邓弗里斯和加洛韦交界处），做过多年记者，支持民族主义和共产主义的政党政策。他的许多诗歌是用合成式苏格兰语创作而成。这种语言被称为"拉兰斯"（Lallans），是苏格兰多种方言和英语文学语言的历史变体结合而成。《醉汉看蓟草》是用拉兰斯创作出的最长、最著名的作品。此外，佩思的威廉·斯塔（William Soutar，1898—1943）、爱丁堡的罗伯特·加里奥赫（Robert Garioch，1909—1981）以及新西兰诗人悉尼·古德瑟·斯密斯（Sydney Goodsir Smith，1915—1975）的作品中也使用了"拉兰斯"进行创作。诗人兼作家埃德温·缪尔（Edwin Muir，1887—1959）出生于奥克尼群岛，用英文写作。他还与妻子威拉·缪尔合作翻译了弗兰兹·卡夫卡、赫尔曼·布洛赫和里昂·孚依希特万格等人的作品，并因此成名。苏格兰文艺复兴中有两位最重要的作家，一位是尼尔·米勒·冈恩（Neil Miller Gunn，1891—1973），出生于凯思内斯的一个村庄；另一位是詹姆斯·莱斯利·米切尔（James Leslie Mitchell，1901—1935），笔名刘易斯·格拉西克·吉本（Lewis Grassic Gibbon），来自阿伯丁郡。在作品中，他们用现实主义手法描写了传统的乡村生活与现代化之间的矛盾。女权运动在多位作家的诗中都有所体现，如海伦·伯内斯·克鲁克珊（Helen Burness Cruickshank，1886—1975），她活跃于政治领域；凯瑟琳·卡斯韦尔（Catherine Carswell，1879—1946），是位记者兼小说家；还有纳奥米·米奇森（Naomi Mitchison，1897—1999），她是位高产的作家，即使高龄也仍然涉猎各个文学领域。

与此同时，苏格兰盖尔文学也经历了复兴。作家们受到许多外来的启发，加强对当今哲学、政治思想和社会问题的研究。索利·麦克林（Sorley Maclean，Somhairle MacGill-Eain，1911—1996）出生于拉阿瑟岛，是20世纪最重要的苏格兰盖尔语诗人。他的一系列爱情诗（Dàin do Eimhir，给埃米尔的诗）和描写"高地清除"对家乡影响的诗歌，使他在家乡拉阿瑟岛广为人知。乔治·坎贝尔·海（George Campbell Hay，1915—1984）

也写有诗作,还进行了大量现代欧洲语言的翻译。"二战"期间他曾是北非战场的一名士兵,他的叙事诗 *Mochtàr is Dùghall*（盖尔语）就记述了这段经历。德里克·汤姆森（Derick Thomson, 1921—2012）出生于刘易斯,是一位诗人,长期担任格拉斯哥大学的凯尔特学教授,也是文化杂志《盖莱姆》（*Gairm*）的创刊人和出版人。除汤姆森,还有在格拉斯哥出生、在刘易斯长大的伊恩·克莱其顿·史密斯（Iain Crichton Smith, 1928—1998）,他创作了一些英语和盖尔语诗歌,同时也创作了大量短篇小说和长篇小说。

苏格兰文艺复兴中涌现出一批代表画家和雕塑家,凯尔特复兴运动和印象派的影响在他们身上都有所体现。斯坦利·克斯特（Stanley Cursiter, 1887—1976）出生于奥克尼柯克沃尔,主要以创作肖像画和风景画出名,多年来任职于苏格兰国家美术馆,先后担任管理员和馆长。格拉斯哥男孩的绘画作品延续了苏格兰色彩画家的风格,他们的作品受到法国印象派和野兽派影响,特别是创作于 20 世纪二三十年代的作品。画家兼雕塑家约翰·邓肯·弗格森（John Duncan Fergusson, 1874—1961）出生于利斯,是最重要的代表画家之一。他曾在法国和伦敦生活多年,1939 年回到格拉斯哥,聚集了一批年轻的艺术家。为了与当时的格拉斯哥艺术俱乐部（Glasgow Art Club）加以区别，他们被称为新苏格兰团（New Scottish Group）。画家兼艺术评论家威廉·麦肯斯（William McCance，1894—1970）出生于肯布斯兰，受立体主义流派的影响；而来自苏格兰南部德诺姆的威廉·约翰斯通（William Johnstone，1897—1981），则从超现实主义流派中获取创作灵感。

弗格森的妻子玛格丽特·莫里斯（Margaret Morris，1891—1980）创办了苏格兰凯尔特芭蕾舞团，并与苏格兰文艺复兴时期的音乐作品相结合。20 世纪 40 年代和 50 年代受到伊莎多拉·邓肯（Isadora Duncan）的影响，同时融合苏格兰传统民间舞蹈元素，创造了自己的舞蹈风格。弗朗西斯·乔治·司科特（Francis George Scott，1880—1958）出生于苏格兰南部的霍伊克，自 1925 年起在格拉斯哥教授音乐。他既为经典的苏格兰文学作品谱曲，如罗伯特·彭斯的诗歌，也为当代诗歌谱曲，如威廉·斯塔和休·麦克迪米德的作品，是对苏格兰民族文化继承反思中最重要的作曲家。

第九章
从权力下放开始到当代

　　1970 年左右苏格兰民族党和威尔士党（威尔士语为 Plaid Cymru）在选举中大获成功。由于苏格兰和威尔士要求独立的呼声越来越高，英国政府不得不考虑设立地方议会。1999 年苏格兰议会成立，拥有全面立法权，特别是在教育、卫生和司法等领域。2011 年 5 月，苏格兰民族党首次赢得绝对多数票，并和保守的英国政府达成协议，苏格兰将于 2014 年 9 月 18 日举行公投，决定是否脱离联合王国。

权力下放后的政治

1707 年英国与苏格兰联合君主国关系结束，成为统一国家。英国政府设立了苏格兰事务大臣（德语为 Schottland-Minister，英语为 Secretary of State for Scotland），负责苏格兰相关事务。然而，詹姆斯党第二次起义失败后，政局发生了变化，1746 年英国撤销苏格兰事务大臣，后于 1885 年设立苏格兰大臣（Secretary for Scotland）一职，1926 年提升为苏格兰事务大臣。尽管如此，苏格兰民众早就对由英国政府代表本国表示不满，遂于 1950 年左右递交了"苏格兰盟约"（Scottish Covenant）请愿书。请愿书要求建立苏格兰议会，但立即被当时工党领导的英国政府驳回。1966 年和 1967 年进行补选时，汉密尔顿选区的苏格兰民族党候选人和卡马森选区的威尔士党候选人，各自均在英国议会中获得了一个议席。1969 年政府成立了委员会，负责审查权力下放、联邦化或将联合王国拆分成独立国家的提议。在 1973 年提交的最终报告中，大部分委员赞同成立苏格兰议会，权力涉及教育、环境、卫生、内政、社会以及司法方面。另一方面，报告再次建议撤销苏格兰事务大臣职务，这导致英国议会中苏格兰议员的数量大幅减少。1978 年英国议会规定，如果通过公投，不少于 50% 参选的选民和 40% 拥有选举权的苏格兰人支持成立苏格兰议会，才可设立苏格兰地方议会。在 1979 年 3 月 1 日举行的公投中，虽然支持权力下放的人数占了 51.9%，勉强过半数，但只有 32.9% 拥有选举权的民众参选，未能达到要求，法律未能通过。

执政党工党在补选中屡次落败，1978 年初就失去了在议会中的微弱优势。因此，政府只能依赖其他党派的支持，其中也包括苏格兰民族党。詹姆斯·卡拉汉领导的少数派政府在公投中失败后，失去了苏格兰民族党的支持，后来议会又提出了不信任案。因此，1979 年 5 月进行了换届选举。玛格丽特·撒切尔（Margaret Thatcher，1925—2013）领导的保守党获得了压倒性胜利，超过工党 43 个议席。相反，苏格兰民族党的人气急剧下滑，11 个议席中失去了 9 个。因此，新政府没有继续考虑联合王国的分权政策。与此同时，工党开始了其长达 18 年的反对党生涯，在最后 6 年里他们以新工党的口号为纲领，继续从左翼政党向中间政党发展。由于他们提出的新方针以及民众对保守党的不满日益加剧，在 1997 年 5 月的议会选举中工党获得了压倒性的胜利，在 179 个议席中赢得了前所未有的多数。而保守党则吃了史上最惨的一次败仗，失去了在威尔士和苏格兰的全部议席，在接下来的13年里一直是在野党。直到2010年5月在戴维·卡梅伦（David Cameron）的领导下，保守党和尼克·克莱格（Nick Clegg）领导的自由民主党组成联合政府，重新执政。

工党在竞选方案中承诺：一旦竞选成功，将就权力下放问题重新举行公投。公投于1997年9月进行，60%拥有选举权的民众参与了此次公投，其中74%的选民赞成建立苏格兰地方议会，63%的选民支持议会拥有征税权。1998年11月英国议会出台了关于建立苏格兰议会的法律，规定苏格兰地方议会以及苏格兰行政院（Scottish Executive）必须由首席大臣（First Minister）领导。苏格兰议会拥有的权限与英国议会相同，除了法律上明确规定的例外情况，如外交政策。1999年5月苏格兰民众选举了自己的议会，是1707年以来的首次。英国议会于1999年7月1日将权力移交给苏格兰议会。苏格兰议会只有一个议院，由129名议员组成。其中73人根据最多票数当选制产生，各个选区选举，得票最高者获得席位；其余56人则按比例代表制，将议席分配给每个区域的政党候选人。苏格兰议会每4年选举一次，苏格兰首席大臣由议会选举产生，君主正式任命，有权提名内阁成员。2004 年 10 月以来，苏格兰议会一直在爱丁堡新建的议会大厦举行会议，新议会大厦由加泰罗尼亚设计师恩里克·米拉莱斯·莫亚（Enric Miralles Moya，1955—2000）设计，位于荷里路德宫附近。

1999 年苏格兰议会进行了首次选举，选举结果为：工党获得 56 个议席，苏格兰民族党获得 35 个，保守党 18 个，自由民主党则获得 17 个。对此，工党政治家唐纳德·杜瓦（Donald Dewar，1937—2000）和自由民主党组成联合政府，2003 年第二次选举后议席分配不变，联合政府共执政了 8 年。在 2007 年第三次议会选举中，苏格兰民族党首次成为第一大党，获得 47 个议席（之前仅占 27 席）。后来民族党领袖亚历克斯·萨蒙德（Alex Salmond，1954— ）组建了少数派政府。按照之前的竞选方案，萨蒙德开始大力推动苏格兰进行独立公投。虽然独立公投遭到其他三大党派的断然拒绝，但 2011 年 5 月在第四次苏格兰议会选举中，苏格兰民族党赢得 69 个议席，成为绝对的多数党。因此，亚历克斯·萨蒙德领导的苏格兰民族党和戴维·卡梅伦领导的英国议会于 2012 年 10 月签署《爱丁堡协议》（Edinburgh Agreement），商定在 2014 年底前进行苏格兰独立公投。后来双方决定，拥有选举权的选民将于 2014 年 9 月 18

日就"苏格兰是否应该成为独立国家"这一问题进行投票,答案选项为"是"或"否"。就投票人资格问题双方达成一致,规定年满16周岁且永久居住在苏格兰的英国和其他欧盟国家公民也享有投票资格,但是在苏格兰出生却长居境外的苏格兰公民没有投票资格。

公投前,成为独立国家后的法律地位问题是苏格兰政府和英国政府争议的焦点:苏格兰是否可以作为一个新的实体重新商议所有的国际条约?还是可以像英格兰、威尔士和北爱尔兰一样,继续享有联合王国的权力?独立的苏格兰是否自动成为欧盟、北约和联合国的成员国更是一个极具争议性的问题,而且其他单边和多边国际条约的有效期限也不明确。此外,独立后预期的经济后果也是重点讨论的议题。

全球化下的经济

重工业曾是苏格兰经济领域的主体,"一战"结束后开始出现下滑,尤其是煤炭开采、钢铁冶炼以及船舶和机车制造等产业情况更为紧迫。如今苏格兰只剩下些小规模露天煤矿,造船业依然很重要,尤其是在格拉斯哥大区。纺织业也曾遍布各地,但由于国际竞争激烈,如今只在一些地区有小范围发展。然而随着电子、化学和信息技术等新兴产业的兴起，特别是在"二战"后，多元化进程逐渐开始，20世纪80年代达到顶峰。

农业一直是非常重要的产业。但在过去几十年里，由于农业机械化以及加入欧盟后，成员国间生产和销售条件发生改变，农业生产的基础发生了巨大变化。小麦、大麦和土豆的种植面积不断扩大，特别是在苏格兰东部农村气候条件较好的地区种植水果。由于土壤和气候条件不佳，苏格兰部分地区，尤其是西北部的产量较低。绵羊养殖就发展成为一个重要产业，苏格兰东南部则以乳业为主，东北部以畜牧业为主。与英国相比，苏格兰海岸线辽阔，渔业是苏格兰的核心产业。其主要分布在西部海岸沿线，当然东北部也有分布。

近几十年来，所有行业日趋国际化，经济领域出现了巨大波动和销售危机。美国和欧盟各成员国是苏格兰最重要的贸易伙伴，由于疯牛病肆虐，1996至2006年牛肉禁止出口。2001年口蹄疫暴发，导致苏格兰西南部地区的经济大规模衰退。1976年近海捕鱼区从12英里扩大到200英里，之后如何平衡地区、国家和国家间的经济利益与环保诉求一直是欧盟的议题。毫无疑问，苏格兰威士忌是苏格兰最著名、最具有经济意义的出口产品，由大麦和／或小麦制成，苏格兰威士忌自 2009 年起按照《苏格兰威士忌法规》（Scotch Whisky Regulations）生产和销售。酒厂大多分布在斯佩塞地区东北部、西部的高地地区和艾雷岛。相较于农业和工业，近年来苏格兰服务业蓬勃发展，尤以金融业和旅游业发展最为迅猛。

同时，人们针对独立后苏格兰的经济发展争论不休，其中争议最大的是苏格兰北海沿岸的石油和天然气田。早在 20 世纪 60 年代，北海就勘探出了油气资源，但直到 1973 年石油危机爆发后才开始大量开采，之后石油价格上涨，开采所需的巨额投资获得了高额回报。现在北海总共有几十处油田，其中大部分位于英国和挪威，而丹麦和荷兰海域油田数量明显较少。20 世纪 70 年代苏格兰独立运动的反对者们认为，独立后苏格兰经济将会崩溃。苏格兰独立的支持者则底气越来越足，因为英国的石油其实属于苏格兰，英国的大部分油田都位于苏格兰海岸的东部和北部。自第三个千年开始以来，独立运动再次兴起。与此同时，石油和天然气产量及开采量出现明显下降，即将进入新千年时达到顶峰。鉴于发现新油田的可能性以及油价走向的不确定性，北海石油未来的经济意义还无法准确预估。

近年来，核能是能源供应领域的重要谈论话题。

2007 年苏格兰民族党以压倒性多数上台执政，与英国政府态度不同，民族党政府坚决反对在苏格兰建造新的核反应堆。后来，停靠在克莱德法斯兰海军基地的英国潜艇因配有核武器也受到了抨击。相反，进入新千年以来，可再生能源生产日益受到青睐，大量新型水力、风力和潮汐发电站应运而生。

区域主义和欧洲意识夹缝中的文化

直到 20 世纪中期，大多数苏格兰文学、音乐和艺术作品的特点是展现传统乡村文化和现代工业化、城市化之间的矛盾。另一方面，当代作家、作曲家和艺术家的作品，在国际化和全球化的背景下反映了地方性和地域性特点。作家詹姆斯·克尔曼（James Kelman，1946— ）出生于格拉斯哥，他的获奖小说《不满》（*A Disaffection*，1989）、《太迟了，太迟》（*How Late It Was, How Late*，1994）和《尔朗·史密斯》（*Kieron Smith, Boy*，2008）描写了现代化大城市格拉斯哥的生活。作家埃文·威尔斯（Irvine Welsh，1958— ）出生于利斯，他的第一部小说《猜火车》（*Trainspotting*，1993）以及后来的作品描写了发生在爱丁堡的故事。诗人兼剧作家丽兹·洛赫海德（Liz Lochhead，1947— ）出生于格拉斯哥东南部的马瑟韦尔。她从苏格兰的历史中获得灵感，创作了历史剧《被斩首的苏格兰玛丽女王》（*Mary Queen of Scots Got Her Head Chopped Off*，1987）。她还因改编了莫里哀、欧里庇得斯和一系列中古英语神秘剧而出名，2011 年获封"苏格兰国家诗人"称号。2004 年埃德温·摩根也被苏格兰议会授此殊荣。抒情诗人兼剧作家卡罗尔·安·达菲（Carol Ann Duffy，1955— ）出生于格拉斯哥，根据首相的提议，2009 年她被英国女王任命为英国官方"桂冠诗人"，是第一位女性桂冠诗人，也是第一位苏格兰人桂冠诗人。爱丁堡诗人麦格·贝特曼（Meg Bateman，1959— ）使用苏格兰盖尔语创作现代抒情诗，还将一些早期的苏格兰盖尔语诗歌翻译成英文，并以此闻名。著名作家奥古斯·彼得·坎贝尔（Angus Peter Campbell，1952— ）出生于南尤伊斯特，深受伊塔洛·卡尔维诺（Italo Calvino）和豪尔赫·路易斯·博尔赫斯（Jorge Luis Borges）的影响，他用英文创作诗歌、短篇小说和长篇小说，同时也用苏格兰盖尔语进行创作。

作曲家埃迪·麦圭尔（Edward McGuire，1948— ）出生于格拉斯哥，代表作品有芭蕾舞剧《彼得潘》《格拉斯哥交响曲》以及众多的室内音乐。作品中体现出苏格兰音乐的国际化和全球化。另外，他还在民谣乐团"哨子宾奇"（The Whistlebinkies）和融合远东音乐和欧美音乐的中国"和声乐团"（Harmony Ensemble）担当笛手一职。格拉斯哥作曲家威廉·约翰·斯威尼（William John Sweeney，1950— ）的作品不但有苏格兰传统风格，包括风笛演奏和盖尔语诗歌演唱的技巧，而且还从卡尔海因茨·施托克豪森（Karlheinz Stockhausen）、莱奥什·雅纳切克（Leoš Janáček）和现代爵士乐中获得创作灵感。除了管弦乐团、室内乐和合唱音乐之外，他还创作了歌剧《旅途》（An Turus），由苏格兰盖尔语诗人安格斯·麦克尼尔森（Aonghas MacNeacail，1942— ）作词。詹姆斯·麦克米伦（James MacMillan，1959— ）来自艾尔郡基尔温宁，是目前作品演奏最广的苏格兰作曲家。1990年他创作了管弦作品《伊莎贝尔·高迪的忏悔》（The Confession of Isobel Gowdie），并因此得名。作为虔诚的天主教徒，他最先在宗教音乐上取得成功，比如根据基督降临歌曲创作的协奏曲《厄玛奴尔，恳求降临》（Veni, Veni, Emmanuel，1992），为合唱团和弦乐团创作的康塔塔《十字架上的最后七句话》（Seven Last Words from the Cross，1993）。杰克·霍根（Jack Hoggan，

1959— ）出生于梅西尔，是当代最著名，也是在商业上最成功的苏格兰艺术家之一。雕塑家戴维·马奇（David Mach，1960— ）也来自梅西尔，目前任教于伦敦的英国皇家艺术学院，在不少公共场所都能看到他的雕塑作品。格拉斯哥的艺术家苏珊·菲利普斯（Susan Philipsz，1965— ）因声音获得关注。来自格拉斯哥的道格拉斯·戈登（Douglas Gordon，1966— ）是当代最重要的摄影和录像艺术家之一。

最后，展示苏格兰和苏格兰人民的电影也值得一提。按拍摄时间进行排列，第一部影片是拍摄于 1928 年的无声电影《圣基尔达岛：不列颠最孤独的岛屿》（*St. Kilda, Britain's Loneliest Isle*）。该影片时长 18 分钟，讲述了人们由格拉斯哥向赫布里底群岛的圣基尔达岛的旅程，以及在搬迁前两年里几个留守居民的生活。迈克尔·鲍威尔（Michael Powell，1905—1990）1937 年拍摄了故事片《在世界的尽头》（*The Edge of the World*），影片同样以移民为主题，因在圣基尔达岛未获得拍摄许可，电影在设得兰岛取景。喜剧片《荒岛酒池》（*Whisky Galore!*，1949）在国际上大获成功。该片导演是亚历山大·麦肯德里克（Alexander Mackendrick，1912—1993），为在美国出生的苏格兰移民的后裔。电影拍摄于赫布里底群岛的巴拉岛，改编自康普顿·麦肯锡（Compton Mackenzie，1883—1972）的同名诙谐小说，小说先于电影两年出版。纪录片《海那边的大东方号》（*Seawards the Great Ships*，1961）取材于克莱德河上真实的造船场景，是第一部获得奥斯卡奖的苏格兰影片。此外，英国导演罗宾·哈迪（Robin Hardy）的恐怖电影《异教徒》（*The Wicker Man*，1973）描绘了孤独的赫布里底岛上的黑暗、奇幻的异教仪式。20 世纪 80 年代初，出生于格拉斯哥的导演威廉·大卫·福赛斯 [William David（Bill）Forsyth，1946—] 和他的喜剧电影《地方英雄》（*Local Hero*，1983）获得国际认可，其中恐怖海峡乐队的马克·诺弗勒（Mark Knopfler）为电影配乐并广受欢迎。肯·洛奇（Ken Loach，1936— ）执导的爱情电影《缘起一吻》（*Just A Kiss*，2004），讲述了巴基斯坦穆斯林移民与离婚的苏格兰女人之间的爱情。该片于 2005 年在恺撒电影节被评为最佳欧洲电影。英国导演丹尼·博伊尔（Danny Boyle，1956— ）执导的《猜火车》（*Trainspotting*，1996），改编自电影同名小说，是最出色的一部苏格兰电影，电影探讨的是现代都市生活的阴暗面，与琳恩·拉姆塞（Lynne Ramsay，1969— ）执导的电影《捕鼠者》（*Ratcatcher*，1999）有异曲同工之处。英国导演西蒙·米勒（Simon

Miller）取材于苏格兰历史和神话，创作了电影《不易靠近》（*Seachd: The Inaccessible Pinnacle*，2007），影片于 2006 年在天空岛拍摄完成，是第一部苏格兰盖尔语长片。尼克·希金斯（Nick Higgins）拍摄的纪录片《我们是北极光》（*We Are Northern Lights*，2013）和弗吉尼亚·希思（Virginia Heath）拍摄的电影《携爱来自苏格兰》（*From Scotland with Love*，2014）涵盖了苏格兰文化和社会的前世今生，其中《携爱来自苏格兰》的素材取自苏格兰电影档案馆，由民谣音乐家肯尼·安德森（King Creosote）为其配乐。

回顾与展望

直到 2014 年春，苏格兰脱离英国实现独立似乎还不现实。然而，在公投的前几个月里，苏格兰独立的支持者们不断将犹豫不决的选民拉入自己的阵营。民意调查显示，支持者与原本占多数的反对者数量越来越接近。在公投前 11 天，民意调查显示反对独立的选民落后于支持独立的选民两个百分点，英国的分崩离析似乎近在咫尺。英国女王伊丽莎白二世在苏格兰的避暑行宫下榻几小时后，就接见了首相卡梅伦，随后英国一家报纸发表了题为《现在，你就是巴尔莫勒尔墙上的一只苍蝇》的报道。据身边人士透露，虽然女王陛下忧心忡忡，但在这一问题上承诺保持中立，仅在公投的前几天以个人名义表示，希望苏格兰人民能仔细考虑他们的决定。

不管是亚历克斯·萨蒙德领导的"离开"阵营，还是工党和前英国参政大臣阿里斯泰尔·达林（Alistair Darling）共同领导的"在一起更好"阵营，都在不断努力说服一直摇摆不定的选民支持自己。苏格兰独立的支持者们再次指出苏格兰有巨大的自然资源潜力，强烈谴责所有关于经济风险的警告，认为这是危言耸听。另一方面，一旦独立，无法继续与英国使用相同的货币，独立后的苏格兰要想加入欧盟必将经历漫长的谈判。随着竞争选票的激情日益高涨，主"合"派越来越多地援引过去 300 多年中两国携手缔造的辉煌历史。

当地时间 2014 年 9 月 18 日晚 10 时，各投票站关闭，430 万合格选民中近 85% 完成投票。投票结束后，人们甚至等到深夜，以期得到投票的大概结果或部分结果。公投的最终结果必须在所有选区计票结束后即 9 月 19 日上午才能公布。最终结果是：44.7% 的选民支持苏格兰独立，而 55.3% 的选民投下了反对票。邓迪（57.3%）、西邓巴顿郡（54%）以及格拉斯哥（53%）的大部分选民投下了"是"，而奥克尼群岛（67.2%）、苏格兰边境地区（66.6%）以及邓弗里斯–加洛韦（66%）的大多数选民则投下了"否"。随后，亚历克斯·萨蒙德辞去政府首脑和苏格兰民族党领袖的职务。戴维·卡梅伦也履行先前的声明，着手下放权力和新一轮的谈判。与此同时，英国各地区的利益代表也提出，针对苏格兰进一步要求获得相应的补偿。苏格兰公投由于其高投票率也被认为是民主史上历史性的时刻。但也有不少人对当前政治局势不满，他们普遍希望通过建立联邦从而从根本上改造联合王国。选举后的第二天，英国一家报纸写道："这才是真正的开始。"

参考文献

Abrams, Lynn, und Callum G. Brown (Hrsg.), *Twentieth-Century Scotland*, Edinburgh 2010.

Allan, David, *Scotland in the Eighteenth Century: union and enlightenment*, Harlow 2002.

Armit, Ian, *Scotland's Hidden History*, Stroud 2006.

Barclay, Gordon, *Farmers, Temples and Tombs: Scotland in the Neolithic and Early Bronze Age*, rev. ed., Edinburgh 2005.

Barrell, Andrew D. M., *Medieval Scotland*, Cambridge 2000.

Breeze, David J., *Roman Scotland: frontier country*, rev. ed., London 2006.

Brown, Ian, Thomas Owen Clancy, Susan Manning und Murray Pittock (Hrsg.), *The Edinburgh History of Scottish Literature*

I – III , Edinburgh 2007.

Brown, Michael, *The Wars of Scotland, 1214–1371*, Edinburgh 2004 (The New Edinburgh History of Scotland 4).

Cameron, Ewen A., *Empaled Upon a Thistle: Scotland since 1880*, Edinburgh 2010 (The New Edinburgh History of Scotland 10).

Cooke, Anthony, *The Transformation of Scotland, 1707–1850*, Edinburgh 2007.

Cowan, Edward J., und Lizanne Henderson (Hrsg.), *Medieval Scotland 1000–1600*, Edinburgh 2011 (A History of Everyday Life in Scotland 1).

Dawson, Jane, *Scotland Re-formed, 1487–1588*, Edinburgh 2007 (The New Edinburgh History of Scotland 6).

Devine, T. M., und Jenny Wormald (Hrsg.), *The Oxford Handbook of Modern Scottish History*, Oxford 2012.

Donnachie, Ian, und George Hewitt (Hrsg.), *The Birlinn Companion to Scottish History*, new and extensively updated ed., Edinburgh 2007.

Driscoll, Stephen T., *Alba: the Gaelic kingdom of Scotland, AD 800–1124*, Edinburgh 2002.

Ewan, Elizabeth (Hrsg.), *The Biographical Dictionary of*

Scottish Women: from the earliest times to 2004, Edinburgh 2006.

Finlay, Richard J., *Modern Scotland: 1914–2000*, London 2004.

Foster, Sally M., *Picts, Gaels, and Scots: early historic Scotland*, London 2004.

Foyster, Elizabeth A., und Christopher A. Whatley (Hrsg.), *1600 to 1800*, Edinburgh 2010 (A History of Everyday Life in Scotland 2).

Fraser, James E., *From Caledonia to Pictland: Scotland to 795*, Edinburgh 2009 (The New Edinburgh History of Scotland 1).

Griffiths, Trevor, und Graeme Morton (Hrsg.), *1800–1900*, Edinburgh 2010 (A History of Everyday Life in Scotland 3).

Harding, Dennis William, *The Iron Age in Northern Britain: Celts and Romans, natives and invaders*, London 2004.

Harvie, Christopher, *Scotland: a short history*, Oxford 2014.

Houston, Robert Allan, und William Knox, *The New Penguin History of Scotland: from the earliest times to the present day*, London 2002.

Keay, John, und Julia Keay (Hrsg.), *Collins Encyclopaedia of Scotland*, rev. ed., London 2000.

Landsman, Ned C., *Nation, State and Empire: Scotland,*

1690–1790, Edinburgh 2014 (The New Edinburgh History of Scotland 8).

Lynch, Michael (Hrsg.), *The Oxford Companion to Scottish History*, New York 2001.

MacDonald, Catriona M. M., *Whaur extreemes meet: Scotland's twentieth century*, Edinburgh 2010.

MacLean, Fitzroy, und Magnus Linklater, *Scotland: a concise history*, 4th ed., revised and expanded, London 2012.

Macquarrie, Alan, *Medieval Scotland: kingship and nation*, Stroud 2004.

Maurer, Michael, *Geschichte Schottlands, 2.*, überb. Aufl., Stuttgart 2011.

Mitchison, Rosalind, *A History of Scotland, 3rd* ed., London 2012.

Noble, Gordon, *Neolithic Scotland,* Edinburgh 2006.

Oliver, Neil, *A History of Scotland,* London 2009.

Oram, Richard, *Domination and Lordship: Scotland 1070–1230*, Edinburgh 2011 (The New Edinburgh History of Scotland 3).

Pittock, Murray G. H., *A New History of Scotland*, Stroud 2003.

Pittock, Murray G. H., *The Road to Independence? Scotland*

since the sixties, London 2008.

Watson, Fiona, *Scotland: a history, 8000 B. C. – A. D. 2000*, Stroud 2002.

Woolf, Alex, *From Pictland to Alba: 789–1070*, Edinburgh 2007 (The New Edinburgh History of Scotland 2).

Wormald, Jenny (Hrsg.), *Scotland: a history*, Oxford 2005.

德中译名对照表

受篇幅限制，下表仅收录了最重要的姓名和内容信息，文中随机提到的姓名和概念都未收录。

德文原文	中文译文
Aberdeen	阿伯丁
Agricola	阿格里科拉
Alexander I	亚历山大一世
Anne Königin	安妮女王
Arbroath Kloster	阿布罗斯修道院
Arbroath Erklärung von	阿布罗斯宣言
Atlantic roundhouse	大西洋圆屋
Auchnacree Lodge	奥纳克瑞旅馆
Alexander Graham Bell	亚历山大·格雷厄姆·贝尔
Angus Peter Campbell	奥古斯·彼得·坎贝尔
Alexander Carlyle	亚历山大·卡莱尔
Andrew Carnegie	安德鲁·卡内基

August Ebrard	奥古斯特·埃布拉德
Adam Ferguson	亚当·弗格森
Andrew Melville	安德鲁·梅尔维尔
Alexander Montgomerie	亚历山大·蒙哥马利
Adam Smith	亚当·斯密
Aonghas MacNeacail	安格斯·麦克尼尔森
Abtei Culross，Kloster	卡尔罗斯修道院
Andrew Moray	安德鲁·莫瑞
Balmerino Kloster	巴尔梅里诺修道院
Balmoral	巴尔莫勒尔
Battle of the Braes	布拉埃斯之战
Banquo	班柯
Beattie James	詹姆斯·比蒂
Bellenden John	约翰·贝伦登
Bettelorden	托钵修会
Bischofskriege	主教战争
Blair Drummond	布莱尔·德拉蒙德
Bridei Ⅲ	布鲁德三世
Britanni，Britannier	不列颠人
Britannia（Provinz）	不列颠尼亚行省
Calgacus	卡尔加卡斯
Cambuskenneth Kloster	康柏斯内斯修道院
Cape Breton Island	布雷顿角岛
Céli Dé	卡尔代人
Celtic Ballet of Scotland	苏格兰凯尔特芭蕾舞团
Charles Edward Stuart	查尔斯·爱德华·斯图亚特
Coelestin Ⅲ	塞莱斯廷三世
Constantin Ⅱ	君士坦丁二世
Crofters' Holdings Scotland Act	《苏格兰佃户土地法案》
Crannógs	克兰诺格
Culloden，Schlacht von	库洛登战役
Compton Mackenzie	康普顿·麦肯锡
Charles Rennie Mackintosh	查尔斯·雷尼·麦金托什

Colin Maclaurin	科林·麦克劳林
Catherine Carswell	凯瑟琳·卡斯韦尔
David Beaton	大卫·比顿
Dallán Forgaill	达郎·福盖尔
Darraðarljóð	《瓦尔基里之歌》
David I	大卫一世
Donald III	唐纳德三世
Dryburgh，Kloster	德赖堡修道院
Dunbar，William	威廉·邓巴
Duncan I	邓肯一世
David Hume	大卫·休谟
David Lyndsay	大卫·林赛
Donald John MacDonald	唐纳德·约翰·麦克唐纳
David Mach	戴维·马奇
Edwin Morgan	埃德温·摩根
Edwin Muir	埃德温·缪尔
Enric Miralles Moya	恩里克·米拉莱斯·莫亚
Eddie McGuire	埃迪·麦圭尔
Edinburgh Agreement	爱丁堡协议
Eduard I	爱德华一世
Edward Balliol	爱德华·巴里奥尔
Fernaig-Manuskript	费尔尼希手稿
Flodden Field，Schlacht von	弗洛登战役
Free Church of Scotland	苏格兰自由教会
Francis Hutcheson	弗兰西斯·哈奇森
Felix Mendelssohn	费利克斯·门德尔松
Francis George Scott	弗朗西斯·乔治·司科特
Gavin Douglas	加文·道格拉斯
Georg I	乔治一世
Georgianischer Stil	格鲁吉亚风格
George Campbell	乔治·坎贝尔
George Campbell Hay	乔治·坎贝尔·海
George Jamesone	乔治·詹姆森

144

George Turnbull	乔治·特恩布尔
Herbert Henry Asquith	赫伯特·亨利·阿斯奎斯
Hugh Blair	休·布莱尔
Helen Burness Cruickshank	海伦·伯内斯·克鲁克珊
Helen Fraser	海伦·弗雷泽
Hadrian's wall	哈德良长城
Heiligenverehrung	圣徒崇拜
Hundertjähriger Krieg	百年战争
Iulius Caesar	尤利乌斯·恺撒
Inchcolm，Kloster	因奇科姆岛修道院
James Anderson	詹姆斯·安德森
Jane Arthur	简·阿瑟
Joanna Baillie	乔安娜·贝利
John Barbour	约翰·巴伯尔
Joseph Black	约瑟夫·布莱克
John Francis Campbell	约翰·弗朗西斯·坎贝尔
John Comyn	约翰·科明
John Duncan	约翰·邓肯
John Duncan Fergusson	约翰·邓肯·弗格森
John Forbes	约翰·福布斯
John Galt	约翰·高尔特
James Guthrie	詹姆斯·格思里
James Keir Hardie	詹姆斯·凯尔·哈第
James Hogg	詹姆斯·霍格
James Hutton	詹姆斯·赫顿
Jakob I	雅各布一世
Jakobitenaufstände	詹姆斯党起义
James Edward Francis Stuart	詹姆士·爱德华·弗朗西斯·斯图亚特
Johannes Duns Scotus	约翰·邓斯·司各特
James Kelman	詹姆斯·克尔曼
John Knox	约翰·诺克斯
John MacCormick	约翰·麦考密克

James McCosh	詹姆斯·麦考什
John Blackwood MacEwen	约翰·布莱克伍德·麦克尤恩
James Herbert McNair	詹姆斯·赫伯特·麦克奈尔
James Clerk Maxwell	詹姆斯·克莱克·麦克斯韦
John Millar	约翰·米勒
John Murdoch	约翰·默多克
John Playfair	约翰·普莱费尔
Kammergräber	公共墓穴
Karl I	查理一世
karnyx	卡尔尼克斯号
Kronrat	枢密院
Lallans	拉兰斯
Lanfranc	兰弗朗克
Lewis Grassic Gibbon	刘易斯·格拉西西克·吉本
Liz Lochhead	丽兹·洛赫海德
Meg Bateman	麦格·贝特曼
Mary Crudelius	玛丽·克鲁德利斯
Marjory Kennedy-Fraser	玛丽乔·肯尼迪-弗雷泽
Margaret MacDonald Mackintosh	玛格丽特·麦克唐纳·麦金托什
Malcolm I	马尔科姆一世
Maria Stuart	玛丽·斯图亚特
Margaret Morris	玛格丽特·莫里斯
National Party of Scotland	苏格兰民族党
Nechtanesmere，Schlacht von	顿尼辰之战
Neil Miller Gunn	尼尔·米勒·冈恩
Napier Commission	纳皮尔委员会
Oliver Cromwell	奥利弗·克伦威尔
Portmahomack	波特马霍默克地区
Prophezeiung Bercháns	《贝尔钦预言》
Patrick Hamilton	帕特里克·汉密尔顿
Robert Burns	罗伯特·彭斯
Robert Carver	罗伯特·卡弗

Robert Henryson	罗伯特·亨利森
Robert Adam	罗伯特·亚当
Ramsay MacDonald	拉姆齐·麦克唐纳
Sir Robert Lorimer	罗伯特·洛里默爵士
Sir Charles Lyell	查尔斯·莱尔爵士
Sir Walter Scott	沃尔特·司各特爵士
Sophia Jex-Blake	索菲娅·杰克斯-布拉克
Sir William Hamilton	威廉·哈密顿爵士
Stanley Cursiter	斯坦利·克斯特
Thomas Reid	托马斯·里德
Thomas Chalmers	托马斯·查默斯
United Free Church of Scotland	苏格兰联合自由教会
Viktoria Königin	维多利亚女王
William Johnstone	威廉·约翰斯通
William Lamberton	威廉·兰伯顿
William Cullen	威廉·卡伦
Wilhelm Ahlwardt	威廉·艾尔沃特
William Alexander	威廉·亚历山大
William Bruce	威廉·布鲁斯
William Ewart Gladstone	威廉·尤尔特·格莱斯顿
William York MacGregor	威廉·约克·麦格雷戈
Willa Muir	威拉·缪尔
William Shakespeare	威廉·莎士比亚
William Wallace	威廉·华莱士

图书在版编目（CIP）数据

苏格兰史 / [德]伯恩哈德·迈尔著；佟文斌，王舒惠，
陈璐译 . —上海：上海三联书店，2019.10
（贝克知识丛书）
ISBN 978-7-5426-6752-6

Ⅰ . ①苏… Ⅱ . ①伯… ②佟… ③王… ④陈… Ⅲ . ①苏格兰
－历史 Ⅳ . ① K561

中国版本图书馆 CIP 数据核字（2019）第 172343 号

苏格兰史

著　　者 /	[德]伯恩哈德·迈尔
译　　者 /	佟文斌　王舒惠　陈　璐
责任编辑 /	程　力
特约编辑 /	张　莉
装帧设计 /	Metis 灵动视线
监　　制 /	姚　军
出版发行 /	上海三联书店
	（200030）中国上海市漕溪北路 331 号 A 座 6 楼
邮购电话 /	021-22895540
印　　刷 /	三河市中晟雅豪印务有限公司
版　　次 /	2019 年 10 月第 1 版
印　　次 /	2019 年 10 月第 1 次印刷
开　　本 /	787×1092　　1/32
字　　数 /	62 千字
印　　张 /	5

ISBN 978-7-5426-6752-6/K·543

定　价：32.80元